グローバル・
コミュニケーション学入門

中西のりこ　仁科恭徳　編著

三省堂

装画：馬場知子　ligne (Madame Barbarie rou)
デザイン・本文組版：(株) スタジオプレス　九鬼浩子
編集協力：(株) 翔文社

はじめに

　皆さんは、「グローバル・コミュニケーション学」と聞いて何を思い浮かべるでしょうか？　法学や薬学、物理学、経営学、文学など、歴史ある学問分野とは違って、名称が横文字で構成されるこの新興分野に、正直、馴染みがないかもしれません。

　認識論 (Epistemology) においては、学問分野の成立基準は、大学などの公的な学術機関によって学部名や機関名として採択されているかどうかにあるという考えがあります。「グローバル・コミュニケーション」という言葉は、国内外の大学で最近学部・機関名として採用されつつありますが、学問分野としては新進気鋭の分野でもあります。

　それでは、グローバル・コミュニケーション学とは一体どのような学問なのでしょうか。世界で活躍するグローバル人材の育成は、日本国家の急務の課題となっています。文部科学省のはたらきかけもあり、英語教育が小学校に導入され、英語の授業は英語で行う All in English が学校教育で当たり前となりました。しかしながら、このような政策や活動は、あくまで言語面のみにフォーカスを置いており、真のグローバル人材の育成には＋αの教育が必要であることは、専門家の間でも共通の見解ではないかと思います。つまり、言語のみならず、文化、慣習、知識、ふるまいなどを総合した＋αな人間力の獲得こそが、グローバル人材育成に不可欠であると言えます。

　外国語教育など言語コミュニケーションの側面においては、日本の教育現場では教育手法、設備環境、テスト・教材開発、教育指導、ALT (Assistant Language Teacher 外国語補助教員) の導入など、多大な努力がなされてきました。一方、ノン・バーバル (非言語系) な側面においては、まだまだと言ってよいでしょう。例えば、英語圏に行けば、キリスト教徒であろうがなかろうが、普段の会話で聖書の知識が求められることが多々あります。母国の歴史や文化を詳しく聞かれることもあります。テーブルマナーや国際プロトコルは当たり前の

ように身につけていなければなりません。日常会話の中では、クラシック音楽や絵画の話題が出てくることもあります。また、会話のやりとり（いわゆるTurn-taking）の方法、議論の構築順序、ジェスチャーの使い方など、コミュニケーション時の多くの手法や作法は、日本（語）と外国（語）で大きく異なります。

　このようなことをすべて学べる学問があれば、なんて素晴らしいのでしょうか。それこそが、「グローバル・コミュニケーション学」であり、世界に羽ばたく人材を育てるために必要不可欠な学問と言えましょう。グローバル・コミュニケーション学は学際的な分野でもあります。本書では、国内外の多彩な研究者が、各研究分野からグローバル・コミュニケーション（学）とは何かを、わかりやすい口調で説いていきます。

　本書は全12章で構成されています。グローバル・コミュニケーションを構成する非言語系領域と言語系領域の様々な分野をバランスよく取り上げています。色彩、絵文字、都市デザイン、マーケティング、メタ認知、ホスピタリティ、心理学、音声、ジャンル、多文化共生、ロボット・ＡＩなど多種多様です。また、できる限り、初学者にもわかりやすい講義形式の口調で解説を心がけました。各章では簡単な「アクティビティ」をいくつか用意していますので、内容の理解や確認にご活用ください。また、学んだ知識を活用し応用するための課題「レッツトライ！」も各章末に用意しています。

　それでは、本書が、皆さんのグローバル的視野を広げ、真のグローバル人材の育成に一役買うことを執筆者一同、願っております。最後に本書の執筆にご尽力頂いた先生方、ならびに三省堂の飛鳥勝幸さまには本当にお世話になりました。ここに感謝申し上げます。

2018 年 3 月末日

編著者

目次

はじめに   3

第1章　グローバル・コミュニケーションとは？   8
1.1.　はじめに／1.2.「グローバル」とは？／1.3.「コミュニケーション」
とは？／1.4.　グローバル・コミュニケーションにおける「ノイズ」とは？／
1.5.　まとめ

第2章　色彩   16
2.1.　はじめに／2.2.　人の印象とは何か？／2.3.　見た目が重要？／
2.4.　色彩を科学する／2.5.　色のイメージと効果／2.6.　まとめ

第3章　絵文字   28
3.1.　はじめに／3.2.　サイバースペースでのサイン、シンボル／3.3.　絵
文字と漫画の表現力／3.4.　まとめ

第4章　都市デザイン   42
4.1.　はじめに／4.2.　都市デザインとは？／4.3.　地域間競争／
4.4.　住民の役割／4.5.　まとめ

第5章　マーケティング   54
5.1.　はじめに／5.2.　マーケティングにおけるコミュニケーション／
5.3.　インターネット時代のマーケティング／5.4.　マーケティングのグローバ
ル化／5.5.　まとめ

第6章　メタ認知 ··· 68

　6.1.　はじめに／6.2.　ホスピタリティに必要なメタ認知的知識／
　6.3.　ホスピタリティに必要なメタ認知的活動／6.4.　まとめ

第7章　ホスピタリティ ·· 80

　7.1.　はじめに／7.2.　ホスピタリティとは?／7.3.　第一印象の重要性／
　7.4.　身だしなみ／7.5.　挨拶／7.6.　表情／7.7.　言葉遣い／7.8.　立
　ち居振る舞い／7.9.　サービスとは?／7.10.　ホスピタリティとサービスに
　ついて／7.11.　ホスピタリティとサービスマインドを磨く／7.12.　まとめ

第8章　心理学 ··· 94

　8.1.　はじめに／8.2.　文化と言語の起源:ヒトは共有することで話すこと
　を学んだ?／8.3.　言語と認識:ヒトが考えるとはどういうことか／
　8.4.　意味と言葉の関係ネットワークの拡張とグローバル・コミュニケーショ
　ン／8.5.　限りなく拡張する認知としてのグローバル・コミュニケーション／
　8.6.　まとめ

第9章　音声 ··· 108

　9.1.　はじめに／9.2.　ネイティブ・スピーカーモデル／9.3.　通じる英語
　モデル／9.4.　日本語英語モデル／9.5.　まとめ

第10章　ジャンル ·· 122

　10.1.　はじめに／10.2.　ジャンルごとの特徴:情報の順番とヒント表現／
　10.3.　ジャンルとESP／10.4.　ジャンル研究の近年の動向／
　10.5.　まとめ

第11章　多文化共生 ……………………………………………………… 138

11.1.　はじめに／11.2.　多文化共生が目指すもの：コミュニティーと第3の文化／11.3.　多文化共生を主眼に置いたグローバル・コミュニケーションの実際／11.4.　多文化共生を目指す皆さんへの提言／11.5.　まとめ

第12章　ロボット・AI ……………………………………………………… 150

12.1.　はじめに／12.2.　人とコンピュータのコミュニケーション／12.3.　メディアを介した人と人のコミュニケーション／12.4.　ロボット、AIとは／12.5.　ロボット・AIとのコミュニケーション／12.6.　ロボット・AIを介した人と人のコミュニケーション／12.7.　まとめ

あとがき　　　　　　　　　　　　　　　　　　　　160

主要参考文献　　　　　　　　　　　　　　　　　162

主要索引　　　　　　　　　　　　　　　　　　　171

執筆者一覧　　　　　　　　　　　　　　　　　174

1 | グローバル・コミュニケーションとは？

1.1. はじめに

　グローバル・コミュニケーション学とは、「誰に、どんな情報を、どう伝えるか」「誰が発信した、どんな情報を、どう受け取るか」を考える学問です。

　グローバルな場面では、情報を伝える相手が目の前にいる特定の人だけとは限りません。不特定多数の人達であったり、自分とは社会的・文化的背景が大きく異なる人であったりすることもあるでしょう。また、伝える情報の中は、私たちが意図的に選択した情報だけでなく、知らず知らずのうちに伝えてしまっているものも含まれます。そして、「どう伝えるか」については、言語化された音声や文字という媒体だけでなく、人の五感に訴えかけるものすべてが手段となり得ます。

　さらに、私たちは、情報の送り手であると同時に、情報の受け手でもあります。情報化社会の時代、私たちが日常さらされている情報の中には、どういう目的を持ったどんな人が発信したのかが明らかではないものが多く含まれています。数限りない情報の中から信頼できるものを見極めた上で情報を選択する必要があります。また、受け取る情報は言語化されたものばかりではありません。身の回りにある色・形・動き・空気・音などすべてのものが情報源となり得ます。それらの情報をどう受け取るかは、情報の受け手が持つ背景的知識やその時の状態によるでしょう。

　このように、多くの要素が複雑に絡み合いながら行われる情報の意図的・非意図的なやり取りを包括的に見渡そうとするのがグローバル・コミュニケーション学です。この章では、これがどういうことなのか理解するために、まずは「グローバル」と「コミュニケーション」という語を定義することから始めましょう。

1.2.「グローバル」とは？

　"Global"の語源を調べてみると、「球状」の形を表す言葉であることがわかります。これが「世界的規模の」という意味を持つようになったのは19世紀の

終わり頃からです。「グローバル」という語をこのような意味で使う風潮に火をつけたのは、カナダ生まれの批評家、マーシャル・マクルーハンです (McLuhan, 1962)。1960 年代に彼は、通信機器の発達にともない地球上のすべてがつながった社会を「global village、地球村」と呼び、地球全体の人々が、瞬時に、しかも同時に対話する未来を予測しました。

　ここで、私たちの現実の世界について考えてみましょう。現代社会は、地球全体の人々がお互いのことを知っていて、影響を及ぼしあう「地球村」となったでしょうか。確かにメディアの発達によって、人々は時間的・空間的な制約を超えてコミュニケーションをとることができるようになりました。一方、大都市では、同じアパートに住んでいる人のことさえほとんど知らないというのもよくあることです。スマートフォンでたくさんの「フォロワー」と瞬時につながることができるこの社会で自分を守るためには、周りの人に対して無関心でいることが必要だからです。

　私たちが、意味のある人間関係を保つことができる知り合いの数には限りがあります。ロビン・ダンバーという人類学者が 1998 年に調査した結果によると、その数は 150 人ほどだそうです (Dunbar, 2009)。人間が安定的な社会関係を維持できる人数には認知的な上限があるというのが、ダンバーによる仮説でした。さらに 2013 年には、その人数を多くするには、「より洗練された情報処理」が必要になると述べています (Dávid-Barrett & Dunbar, 2013)。

　現代のグローバル社会では、世界の 10 億世帯ほどがインターネットにつながっています。2016 年のデータによると、世界中の 3 分の 2 以上の人々が無線通信によるブロードバンド圏内で生活しています。まさに「グローバル・コミュニケーション」の時代到来です。では、このような複雑な世界においてうまく機能する「洗練された情報処理」とはどのようなものでしょうか?

1.3.「コミュニケーション」とは?

　コミュニケーションとは、考えを他者と共有することを指します。しかし、自分の考えを正確に他者に伝えるということは、言うのは簡単ですが、実際に行うのは難しいことです。コミュニケーションが成立するためには、少なくとも以下の 4 段階の手続きが必要です。

第１段階：自分の考えを言葉にまとめる
第２段階：その言葉を相手に投げかける
第３段階：その言葉を相手が受け取る
第４段階：受け取った言葉を相手が理解する

　アメリカの数学者・電気工学者であるクロード・シャノンは、情報伝達の正確さにまつわる問題をモデル化し、今日のグローバル化社会における情報理論の基礎を築きました (Shannon, 2001)。このモデルでは、「伝達内容」と「情報送信方法」とを分けて考えます。つまり、上記の４段階のうち、第１・４段階で伝えようとする内容と、第２・３段階で伝えるための方法を分けて考えるということです。そうすることで、伝達される言葉をいったんデジタル信号に置き換えて送信し、受信側で受け取った信号を再び言葉に戻すというモデルが可能となったのです。さらに、アメリカの数学者ウィーバーは、コミュニケーションとは書いたり話したりする言葉で行われるものだけを指すのではなく、音楽や美術、バレエなど、実際には人の行動すべてを含むのだと指摘しました (Weaver, 1949)。機械を動かすリモコンでさえ、（機械と人間との）コミュニケーションの手段である、というのです。

　下の図は、この理論を図式化したものです。

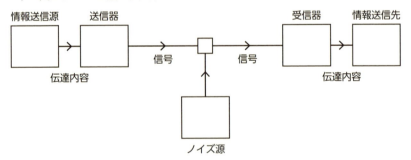

図１. コミュニケーション理論のモデル

Shannon (2001) を元に作成

　左側に示されている「伝達内容」は送信されたメッセージ、右側に示されている「伝達内容」は受信されたメッセージを指します。この図で一番大事なのは、図の真ん中にある「ノイズ源」です。このノイズのせいで、送られた信号が受け手にうまく届かないことがあります。

ウィーバーは、コミュニケーションの問題には以下の3つのレベルがあると指摘しました (Weaver, 1949)。

レベル A. (技術的な問題)
　コミュニケーションのための信号は、どれほど正確に伝わり得るのか。
レベル B. (意味的な問題)
　送信された信号は、伝えたい内容をどれほど正確に伝え得るのか。
レベル C. (効率性の問題)
　受信された内容は、どれほど効果的に行動に影響し得るのか。

　このような問題は、機械を介した情報伝達だけでなく、人と人とのコミュニケーションの場面でも起こりがちです。工学の分野では、メッセージを送信するために置き換えられた信号は、情報の受信側で元通りのメッセージに効率よく再変換されます。この仕組みによって、インターネットや SNS が発達してきました。一方、人間のコミュニケーションにおいては、情報の送り手が伝えたい内容を信号（言葉など）に置き換える段階、その信号を送信する段階、および受信する段階、情報の受け手がその信号を再変換する段階それぞれにおいて、思い通りにはいかないことや、思いがけない妨げが発生する可能性があります。情報の送り手が意図した通りの内容にうまく再変換されるように、上記のようなノイズ源の可能性について考える必要があるのです。ここでは「ノイズ」をコミュニケーションの妨げになるものと定義します。

　特に、グローバル・コミュニケーションの場面では、通常のノイズ以外にも、様々なノイズが生まれます。一番に思い浮かぶのは「言語の違い」ではないでしょうか。しかし、言語を媒体として伝わる情報以外にも、自分では全く意図していないのに発信してしまっている情報がノイズとなる可能性もあります。また、メッセージの送り手と受け手の職種や業種、社会的立場の違いによって生じるノイズや、文化や習慣の違いもノイズ源となり得ます。つまり、自分が普段慣れているコミュニケーション・スタイルと異なるスタイルを使用している職業、社会的立場、文化や習慣を持つ人々とのメッセージ伝達では、コミュニケーションの妨げが発生する可能性が大きいのです。本当に「グローバル」な状態でコミュニケーションをとるためには、このようなノイズを乗り越えて、情報の伝達が行われなければなりません。

1.4. グローバル・コミュニケーションにおける「ノイズ」とは？

　ここで、この「ノイズ」つまり「メッセージ伝達を妨げるもの」という考え方を利用して、本書の構成を整理しておきましょう。どんなところに、どんなノイズ源の可能性があるのかを考えておくと、「なぜかコミュニケーションがうまくいかない」と感じた時の役に立ちます。

　まず、第2章から第4章では「非言語コミュニケーション」の例を取り上げます。言葉以外の手段によるコミュニケーションには、ボディランゲージや顔の表情以外にも様々な要素が含まれます。第2章では、色彩が人に与える印象について考えましょう。色彩は、時間、空間、大きさ、重さ、印象など、人の心理的感覚に影響を与えます。どの色彩にも正と負の効果が認められており、それらは表裏一体です。言語・文化が異なれば、各色彩から連想されるイメージも異なります。「ノイズ」となり得るこのような効果やイメージを知ることは、グローバル・コミュニケーションを円滑に進める上で必要不可欠です。第3章では、一般的な意味での言語とは少し視点を変えて、絵文字や標識、アイコンのようなサインによるコミュニケーションを扱います。特に絵文字はSNSなど私たちの日常の生活で頻繁に使われています。本来ネット上の文字だけの通信は正確に情報が伝わり、ノイズなど存在しないように思います。しかし実際には表現が権威的、命令的に感じられることがあります。書き手が「どのような意図と感情でメッセージを書いたのか」がわかりにくいため、受信段階でノイズが混入することがあるのです。ここに絵文字が登場すれば、ジェスチャーなどの非言語情報同様に表現を和らげる効果が出てノイズの量が減り、伝達がスムーズに行く可能性があります。第4章では、人々が共に過ごす空間に焦点を当て、都市デザインのあり方について考えます。空間の1つの単位として捉えられる都市を形づくり、世界に向けて発信する上で住民の多世代共創による地域づくりが必要とされています。一方、協働していく中で異なる社会的立場がノイズ源となる時、理想とされる関係をいかにして築いていけばよいのでしょうか。

　次に、第5章から第7章では、異なった目的を持つ人々がその目的を達成しようとする時に、どのようなノイズ源に気をつけるべきかを考えましょう。第5章で扱うマーケティングにおけるコミュニケーションは、時代とともに、ますます多様化、複雑化しています。発信側である企業は、商品を売り、利益を出し、価

値を高めるという目的のもと、様々な手段でコミュニケーションをとりますが、受信側である消費者は、そうした意図を認識しつつ、ノイズの中から賢く情報を読み取ることが求められます。また、効果的なコミュニケーションをとるためには、自分自身のあり方を客観的に少し離れたところから認識する力も重要です。これは第6章で扱う「メタ認知」と呼ばれる能力です。この章では、高文脈文化と低文脈文化、国際プロトコールなどグローバル社会で必要となるホスピタリティやビジネス・コミュニケーションに関する知識を学んだ上で、その実践がうまくいかなかったり失敗してしまったりする要因をメタ認知的視点からお伝えしていきます。第7章は、ホスピタリティ産業でのコミュニケーションを念頭に置き、ホスピタリティの基礎や第一印象について学びます。自分が相手に与える印象が、ときにはコミュニケーションの妨げになることもあります。その要素を明確にした上で、相手に好感を与えるためのポイントを学び、メタ認知についての理解を深めます。

　第8章から第10章では、言語によるコミュニケーションを扱います。第8章では、ヒトとほかの動物とではコミュニケーションの取り方がどう異なるのかという基本に立ち返り、そもそも言語とは何かということを整理しましょう。普段私たちが身近に触れている日本語は、言語であるというだけでなく、私たちの認知、感情、行動をも規定します。グローバルスタンダードで物事を経験し、感じ、ふるまうとはどういうことなのか、心理学の視点から考えてみましょう。第9章では、世界で最もよく使われている言語である英語に焦点を当て、主に話し言葉、つまり音声言語のバラエティについて触れます。世界には様々な英語の話し方があり、その違いが時にはグローバル・コミュニケーションの効果的な成立を妨げるノイズ源となることがあります。例えば、カタカナ英語発音は、どれほど深刻なノイズ源となるでしょうか。また、カタカナ英語話者は、聞き手にどんな印象を与えるのでしょうか。さらに第10章では主に文字言語に注目し、書き言葉がジャンル（文書の種類）ごとにどう異なるかを実感してください。「英語」と一口に言っても、人によってどのような英語を使うかがずいぶん異なりますし、同じ人であっても、どんな場面で何のために使うかによって、ふさわしい使い方が異なります。

　最後の2つの章では、これからのグローバル・コミュニケーションのあり方について考えるために、多文化共生（第11章）とロボット・AI（第12章）という概念を紹介します。第11章では、多文化共生から見たグローバル・コミュニケー

ションについて取り上げます。異なった文化背景を持つ私たちが互いによいコミュニケーションを保ち、文化を深く理解し、積極的に社会参加する上で、どのようなことがノイズとなるでしょうか。また、どのような打開策が考えられるでしょうか。最後の第 12 章では、人とコンピュータ、近年ではロボット・AI とのコミュニケーションについて考えます。人と知的な（知的に見える）ふるまいをする人工物とのコミュニケーションの問題を考えることで、改めて人と人とのコミュニケーションのあり方を見直すきっかけになればと考えます。

1.5. まとめ

コミュニケーションは、基本的に人と人との間で行われるものです。とても限定された同質のコミュニティ内でのコミュニケーションであれ、全く異質のコミュニティに属する人とのコミュニケーションであれ、基本的なルールは同じです。

情報の伝え手となる時には、何のために、誰に向けて情報を発信するのかを考えましょう。どのような情報をどのように伝えれば、ノイズを最小限に食い止め、受け手に効果的に伝えることができるでしょうか？　また、情報の受け手となる時には、意識的であれ無意識的であれ、何のために、誰が発信した情報なのか考えましょう。どのような情報をどのように受け取れば、多くのノイズを含む情報の中から信頼できるものを選択することができるでしょうか？

冒頭で紹介したグローバル・コミュニケーションの定義をもう一度思い出してみてください。「誰に、どんな情報を、どう伝えるか」「誰が発信した、どんな情報を、どう受け取るか」を包括的に捉え、整理することができれば、世界の誰とでもどんな内容でも、効果的に伝え、効果的に相手を理解することができるグローバル人材となることができるはずです。

＜野口ジュディー津多江・中西のりこ＞

1

2 | 色彩

2.1. はじめに

　本章では、ノン・バーバル・コミュニケーションの1種である色彩を取り上げます。コミュニケーションは大きく分けて、言葉を使ったバーバル・コミュニケーションとそれ以外のノン・バーバル・コミュニケーションに類別することができます。私たちが普段会話している言葉を介した意思疎通は、人間のみに許容されている能力です。知能指数の高いチンパンジーであっても、人間のように言葉を操ることはできません。ミツバチは、ダンスをして蜜のありかを知らせますが、水平方向の距離しか仲間に知らせることはできません。蜜のありかが真上にある場合、垂直方向の距離をダンスでは知らせることができないのです (Yule, 2016)。しかしながら、私たち人間は、複雑な位置関係など物事の詳細な情報を言葉を用いて相手に伝えることができるのです。

　このように、私たちは言葉を通して多くの情報をやりとりしていますが、実はバーバル・コミュニケーションは人間のコミュニケーション全体のわずか1割程度しか占めていません（竹内, 2005）。つまり、残りの9割を占めるノン・バーバル・コミュニケーションを合わせることで、とてつもなく膨大な情報量のやり取りが可能となります。そのような、ノン・バーバル・コミュニケーションの手段として、例えば、ジェスチャーやアイ・コンタクト、表情、髪型、衣服、音、空間、ピクトグラム、匂い、色彩などが考えられています。

2.2. 人の印象とは何か？

　人間は、五感の中でも特に視覚から受け取るメッセージによって、様々な影響を受けます。初めて出会う人の印象がどのぐらいで決まるかご存知でしょうか。挨拶して、少しの間、そうですね1、2時間ぐらいお話してからと思う人もいるかもしれません。人によっては、半日ぐらいはかかるとか。でも、実際は10秒以内で決まるとも言われています。つまり、言葉をほとんど交わすことなしに、人の

印象は決まってしまうので、ファッションやしぐさ、表情などのノン・バーバル・コミュニケーションのみでその人の印象を左右すると言っても過言ではありません。このような第一印象がもたらす心理効果を「初頭効果」と呼びます（Asch, 1946; ポーポー・ポロダクション, 2009; ゆうき, 2016; 齊藤, 2015）。この初頭効果、少々ややこしく、しばらくの間、その人の印象や評価を固定してしまいます。

　心理学者アッシュが人の印象形成に関する実験を行いました。ある人物を2つのグループに紹介するという実験で、第一グループには、この人は「知的で、勤勉で、衝動的で、批判的で、嫉妬深い」という順で紹介し、第二グループには、「嫉妬深くて、批判的で、衝動的で、勤勉で、知的である」という順で紹介しました。その結果、その人物を、第一グループはよい人と判断し、第二グループは悪い人と判断したのです。提示された情報の順序が、人の印象形成に大きく関わることを証明したのです。このように、先入観に基づき情報を取捨選択する人間の心理的行動を、「確証バイアス」現象と呼びます。この現象から、人の第一印象が後々の人間関係にまで影響を与える可能性があることがわかります（Asch, 1946; Wason, 1966; ポーポー・ポロダクション, 2009; 齊藤, 2015）。

　ちなみに、出会って数秒で好印象を与える秘訣は見た目ですが、人の魅力を細分化した「メラビアンの法則」というものをご存知でしょうか。人の魅力とは、表情が5割、話し方や発声が4割、話す内容が1割で構成されています（心理学者メラビアンの実際の実験結果によれば、言語情報が7%、聴覚情報が38%、視覚情報が55%）（Mehrabian, 1971; 竹内, 2005）。つまり、内容以外の見た目やしぐさといったノン・バーバル・コミュニケーションが全体の9割を占めることになります。このような理由から、初対面の相手とのファーストコンタクトでは、不快感を与えないないように心がけた方がよいことになります。

2.3. 見た目が重要？

　人の印象を大きく左右するのが見た目であり、その見た目を大きく左右するのが衣服です。応用言語学者のマック・クラッケンは、言語と言語以外の伝達手段の違いについていろいろと言及する中で、衣服やデザインに関しても、身につける人の伝達手段として機能しており、スーツとネクタイの身なりは「自分は仕

事中」というメッセージを伝えるように、人は他人の外見や服装を、その人のイメージや性格、期待する行動に結びつけて考える傾向にあると指摘しています（McCracken, 1990）。

　例えば、白衣を着ていれば清潔で医者や看護師など医療に携わる人、キャビンアテンダントの制服を着ていれば優しくて気配りができる人、といったイメージを誰もが抱きやすいのではないでしょうか。このようなイメージを「ユニフォーム効果」と呼びます（Bickman, 1974; 齊藤, 2015; マルコ社, 2013）。制服を着ていれば、周りはそのイメージ通りの行動を期待しますので、着用者の精神的な規範にもなります。ただし、その規範を過度に違反するような行動に対しては、ニュースや新聞で取り上げられるなどの社会的制裁が加わることもあります。ちなみにメガネをかけると知的に見えるといいますが、これもユニフォーム効果の一種かもしれません。

　心理学者ビックマンがこのユニフォーム効果に関する実験を行いました。この実験では、ジャケット姿にネクタイをしたビジネスマン、白いエプロン姿の牛乳配達人、警察官に似た制服姿のガードマンの格好をした人が、それぞれ道行く人々に様々なお願いをしてみました。「落とした紙袋を拾ってもらえませんか？」「看板を移動してもらえますか？」「小銭を1セント頂けませんか？」と尋ねたのです。実験の結果、ガードマンの格好をした人が、圧倒的に頼み事を聞いてもらえることがわかりました（Bickman, 1974）。これは、ガードマンの制服や身なりには、一般的に信頼感を抱きやすい印象があるためであり、まさしくユニフォーム効果によるものだと結論づけることができます。

　このような制服を含めたファッションや見た目において、色彩もかなり影響しているのは言うまでもありません。色彩の効果を知り、巧みに操ることで普段のコミュニケーションがもっと円滑に進むかもしれません。次節では、具体的に色彩を科学しましょう。

Activity 1

以下の質問に○×で答えなさい。
1. バーバル・コミュニケーションは、コミュニケーション全体の9割を占める。（　　　）
2. 人の印象は、見た目が6割である。（　　　）
3.「ユニフォーム効果」とは、制服が与える強いイメージを指す。（　　　）

2.4. 色彩を科学する

　ノン・バーバル・コミュニケーションの最たるものが色彩です。非言語的伝達手段は、一般的に、スーツを着ていれば仕事中など、単層的なメッセージしか伝えることができませんが、色はその組み合わせによって、言語的伝達手段に似たような豊富で複雑なメッセージを伝えることができます。ここでは、この色彩に関して詳しく見ていきたいと思います。

2.4.1. 身の回りの色には理由がある

　さて、なぜ、赤ちょうちんが赤いのかその理由をご存知でしょうか？　なぜ、冷蔵庫は白いのでしょうか？　私たちの身の回りには色が溢れています。そして、その色には少なからず意味があり、私たちは知らず知らずのうちに色から心理的・身体的な影響を受けています。赤には食欲増進効果があり、これは赤やオレンジなど暖色と呼ばれる色の特性です。これが赤ちょうちんの色の理由と言われています（ポーポー・ポロダクション, 2010）。また、赤はほかの色よりも注意を引く色であるため、信号でも赤が「止まれ」を意味します。

　同時に、冷蔵庫が白いのにも理由があります。冷蔵庫の機能とは、食物を保冷し保存することにあります。黒や茶には光や熱を吸収し、白やシルバーには光を反射し熱を逃がすという特徴があります。つまり、保冷機能を効率よくするために、冷蔵庫の色は白っぽいものが多いのです（ポーポー・ポロダクション, 2006）。それでは、まず、具体的に色とは何か、じっくり見ていきましょう。

2.4.2. 視覚と知覚

　かの有名なアイザック・ニュートンは、色とは光のことであり、光とは、赤、橙、黄、緑、青、インディゴ、紫の 7 色から構成されていることを発見しました。現在、色は光の連続スペクトルであることがわかっています。連続スペクトルとは、目に見える光（以下、可視光線）や目に見えない紫外線・赤外線などを分光器（光を波長の違いによって分解する装置）で分解し、波長の順に並べたものを指します。私たちの眼には、光（一般的には電磁波）のうち 380mm ～ 780mm の波長の範囲で様々な色彩が連続して映っています。紫外線（400mm 以下）と赤外線（800mm 以上）に挟まれているのが可視光線（400mm ～

800mm）で、この可視光線が紫、青、緑、黄、赤の順に連続スペクトルとして私たちの眼に映っているのです（山脇, 2010; 野村, 2005）。

　ちなみに、人には、色を認知する視覚に加えて、聴覚、触覚、嗅覚、味覚の5つの感覚が備わっており、この五感を用いて、あらゆるものを感じ取ろうとします。では、何かを食べる時、最も機能している感覚はどれだと思いますか？　正解は、実は、視覚なのです。その割合ですが、8割以上というデータもあります（野村, 2005）。味覚はわずか1%程度で、実際には、食べているのに味覚はほとんど作用していないことになります。

　色の話に戻りますが、人が認識できる色の数は多くて100万色程度だと言われています。最近のテレビの色の再現力が何十億色と言われ、今後も科学技術が発達してテレビの再現力がさらに高くなっても、人間には認識できないということになります（ポーポー・ポロダクション, 2010）。新製品のテレビを買っても、色と人間の認識の観点からいうと、あまり意味がないのかもしれません。

　視覚から入った色の情報は脳に送られます。そして、脳は身体のあらゆる部分に信号を送ります。この信号を、各色に設定されているライト・トーナス値（光や色に対する筋肉組織の緊張度）から読み取ることができます。この値が高ければ高いほど、筋肉は緊張状態となり、低くなればなるほど緩和された状態となります。例えば、赤はライト・トーナス値が42と高く、赤色を見たり、赤色の肌着を着ているだけで（もしくは、着ていると想像するだけで）、筋肉がこわばった状態になります。一方、青はライト・トーナス値が24と低く、青色を見たり、青色の衣服を着ているだけで（着ていると想像するだけで）、筋肉がリラックスした状態になります。このライト・トーナス値の高い順に色を並べると、赤、橙、黄、緑、青となります（小山, 2009; 野村, 2005）。

2.4.3. 色と言語

　色の客観的な識別には、色を構成する3つの属性の物理的数値を用います。この3つの属性とは、色相、彩度（あざやかさ）、明度（あかるさ）です。人間は何万もの「物理的に異なる色」を識別することが可能です。例えば、トマトの赤、消防車の赤、イチゴの赤は、同じ赤でもそれぞれ微妙に異なり、人間は、この微妙な違いを認識できます。しかしながら、使用している言語によっては、その微妙な違いを区別する表現がないため、どの赤もすべて同じ色、つまり一括り

で赤、と見なすこともあるでしょう。厳密に言えば、「赤」という言葉は、特定のモノの色、つまりスペクトルの中の一点を指すのではなく、連続スペクトルの中の特定の範囲を指すということになるのです。

　また、言葉を研究する学問である言語学の概論書には必ずと言っていいほど、色彩の話が付きものです。色を含め、私たちが見える世界というのは、実はその人が話す言語によって制限されているといった内容です。例えば、大多数の言語は主要な色名、あるいは識別可能な普遍的色数は 11 種類で構成されることが多いのですが (Berlin and Kay, 1969)、世界の言語の中には、色名が 2 つしか存在していない言語もあります (Yule, 2016)。

　日本語や英語のように多くの色の基礎名がある言語は少数派です。日本に存在する色名は 1,200 ～ 1,500 程度だと言われていますが、一説には 1,000 万色を見分けることができるとも言われています (野村, 2005; 千々岩, 1997; ポーポー・ポロダクション, 2010)。ただし、一般的な日本人が日常的に使う色は 15 色以下、ファッション・モデルやフォトグラファー、Web デザイナーなど、色に関係する仕事をしている人で 40 ～ 50 色程度だと言われています (ポーポー・ポロダクション, 2010)。また、日本語の基本色名には、有彩色である赤、黄赤、黄、黄緑、緑、青緑、青、青紫、紫、赤紫と無彩色である白、灰、黒が挙げられます (山脇, 2010)。英語にも red や orange、blue など、日本語の基本色名と対応関係にあると思われる色名がありますが、本当に対応しているのでしょうか。

　わかりやすい例を挙げましょう。orange cat という猫をご存知でしょうか。鳥飼 (2004) でも取り上げられていますが、英語で orange cat と言う場合、私たち日本人が想像するような鮮やかなオレンジ色の猫とは色彩が異なります。例えば、ネット上で誰でも検索できる無料のオンライン辞書・翻訳データベースである「英辞郎 on the WEB」(アルク社) によると、orange cat の訳語には「茶色の猫」が割り当てられています。確かに、この orange cat、Google などの画像検索で調べるとわかりますが、少し赤みがかった薄茶色の毛をしています。これは、英語の orange と brown、日本語のオレンジ色と茶色の境界が大きく異なることを意味します。日本語で明るい茶やベージュの範疇に入る色が、英語では brown ではなく orange の範疇に入るということになります。ほかにも、青と blue、緑と green など、日英語間で対応関係になっているはずの色名において、実は色の拡張方向が異なっているものがあります。わかりやすい例を挙げる

と、日本語の青信号は、英語では green signal ですし、「みずいろ」は日本独自の色彩感覚で (Kuriki et al., 2017)、英語には本質的にこれに相当する語がありません。

2.4.4. 色型人間と形型人間

　例えば何かモノを買う時、そのモノの形状を優先しますか、色彩を優先しますか? 形と色、どちらが決定打になるでしょうか? 形を優先する人は形型人間、色を優先する人は色型人間に分類されます。では、それぞれのタイプの特色とは何でしょうか?

　形型人間は、形に影響を受けやすい人で、男性によく見られるタイプです。理論派で、物事を順序立てて考える傾向にあり、感情も安定していて、その場の感情に流されない人が多いです。一方、色型人間は、色に影響を受けやすい人で、女性によく見られるタイプです。社会に適合するのがうまく、自己表現もうまいです。女性によく見られるタイプということもあってか、ファッションや化粧にも敏感です。感情の起伏が激しく、気分屋の人が多いのも特徴です (千々岩, 1999; ポーポー・ポロダクション, 2010)。

　ちなみに、幼少期の頃は、ほとんどの人は色型に分類されます。例えば、揺りかごの中で横たわっている赤ん坊に、無色のライオンのぬいぐるみを見せても何も反応しません。しかし、黄色いボールを差し出すと反応するのです。つまり、モノの形状ではなく、色そのものに反応していることになります。そして、小学校低学年ぐらいになると形型に移行すると言われています。よって、成熟した大人の多くは形型ということになります。色型から形型に移行するのが早い子供ほど、知的発達が早いということがわかっています。これは、脳の発達経緯が色の知覚から形の知覚へと移行するためです (千々岩, 1999; ポーポー・ポロダクション, 2010)。

2.4.5. 人の色の好み：世界の色彩に関する嗜好

　国によって好まれる色は異なります。武蔵野美術大学が 1995 年から 1998 年に世界 20 か国の美術デザイン系学生 5,375 名を対象に実施した調査結果によると、世界で最も好まれる色は青であることがわかりました。また、赤や黒も上位にランクインしていました。ただし、オランダでは、ほかの国の嗜好とは異

なりオレンジが最も好まれていることがわかりました。ちなみに、日本で好まれている色は、青、赤、緑あるいは黒でした (千々岩, 1999)。

　参考までに、若者世代でどのような色が好まれているか、日本人大学生を対象にアンケート調査を実施しました (仁科, 2015)。その結果は、女子に最も好まれている色は赤で、青、緑、白、紫が続きました。一方、男子に最も好まれている色は青で、緑、黒、赤、オレンジが続きました。男女を合算した総合ランキングでは、青が最も好まれ、緑、赤、白、黒が続きました。よって、世代や性別に関係なく、世界中で青はとても好まれている色であることがわかります。

　ちなみに人の色の好みは地域によっても異なります。首都圏では、緑色が好まれるようです。これは、都心部に緑が不足していることから生じる人々の渇望が如実に反映されている結果かもしれません。一方、北に行くほど、青や黒などの寒色が人気で、南に行くほど赤などの暖色が人気となります (ポーポー・ポロダクション, 2010)。人々が渇望しているという点から考慮すると、北部では暖色が、南部では寒色が好まれそうですが、実際はこの逆となります。確かに、北部で暖色のものはあまり見かけません。むしろ、光や熱をたくさん吸収しようと、黒や灰色などの寒色を好んでいるように思えます。

2.5. 色のイメージと効果

　最後に、各色に対して人が抱いているイメージと、その色にまつわる様々なエピソードを紹介します。ビジネスの世界では、色のイメージが商品や企業イメージと密接に繋がっています。また、色の好みによって、人の性格診断も可能となります。表1は、各色の代表的なイメージと補足情報のまとめです。

表1. 色のイメージ

色	イメージ	ポイント
赤	情熱、行動、活動、積極、正義、革命、興奮、攻撃	・人類が最初に作った色。古来、化粧や魔除け、病気の治療目的で使用。 ・食欲増進効果がある。時間の流れを遅く感じさせる色。 ・交感神経を刺激し、脳内物質ノルアドレナリンを分泌させ、人を興奮状態にさせる。 ・赤色を好む人は、行動力があり結果にこだわるが、効果のないものには価値を認めない。

色	イメージ	ポイント
オレンジ	陽気、元気、にぎやか、楽しい、カジュアル、おいしい、親しみ	・食欲増進効果がある。時間の流れを遅く感じさせる色。 ・オレンジ色を好む人は、活発だが、八方美人。広く浅い人間関係を好む。
黄	幸福、希望、愉快、外交的、ユーモア、新しい、危険	・コミュニケーションカラーと呼ばれ、明るく親近感のある印象を与える色。 ・人の目に留まりやすく、信号や危険物の標識など、注意喚起にも多用される。 ・黄色を好む人は、親しみやすい性格で、知的好奇心や上昇志向が強い。また、新しい物好きだが、少々飽きっぽい面もある。
緑	安全、自然、平和、理知、癒し、エコ	・自然や森林と結びつくため、都心に住む人が最も好む色。 ・緑色を好む人は、保守的で繊細で思慮深いが、おしゃべりな面もある。
青	誠実、冷静、希望、信頼、秩序、安定、憂鬱	・誠実・希望・信頼などのイメージから、企業がこぞって好む色。世界で最も好まれる色。 ・食欲減退効果がある。時間の流れを早く感じさせる色。 ・ライト・トーナス値が低く、鎮静作用がある。体温を下げ、冷静になり、集中力を高める。 ・駅、踏切、橋などで、自殺防止用の照明色として採用されることが多い。 ・青色を好む人は、1つのことに打ち込むのに向いているが、柔軟性に欠ける面も。
紫	高貴、神秘、妖艶、ロマンチック、上品、下品	・古来、宗教的に重要視され、紫の衣は高職者のみ着用が許された色。高貴や神秘といったイメージは、これと関連する。 ・上品さと下品さが表裏一体。神秘的だが、扱いに注意が必要。 ・紫色を好む人は、高貴なものへのあこがれが強いが、同時に、少しうぬぼれが強い。

黒	威厳、風格、重厚、不動	・フォーマルな場面での服装の色。裁判官など社会的地位の高い人が身につける色。 ・視覚的に実際の位置よりも遠くに見える効果がある（後退色と呼ぶ）。熱を吸収しやすい。 ・黒色を好む人は、感受性が鋭く、他人から指示されるのを嫌う。
白	上品、無垢、誠実、純真、純粋、清潔、潔癖、若さ	・ピュアで力強く、目標に向かって突き進みたい印象を与える色。気持ちの切り替え作用もある。 ・視覚的に実際の位置よりも近くに見える効果がある（進出色と呼ぶ）。熱を吸収しにくい。 ・白を好む人は、真面目な理想主義者で努力を惜しまないが、優しい一面がある。
グレー	穏やか、忍耐強さ、自己中心	・ヒーリングカラーと呼ばれ、自分の存在感を消し、相手を立てる色。 ・グレー色を好む人は、忍耐強く、人の役に立ちたいと思うが、ときに自己中心的。
ピンク	幸福、愛情	・柔らかく、女性らしさに満ちた色。 ・庇護欲を高める効果がある。 ・ピンクを好む人は、とても愛情深いが、ときに自己中心的になることも。

Caivano & Lopez, 2010; 千々岩 , 1997; 春田 , 2010; 野村 , 2005; 仁科 , 2015 を参考に仁科が作成

　表 1 に見られるように、各色には様々なイメージや効果があります。赤やオレンジなどの暖色には食欲増進効果や、時間の流れを遅く感じさせる効果があります。ファースト・フード店が暖色を使うのは、この色彩効果をうまく活用することで、結果的に店の回転率を上げているのかもしれません。一方、青などの寒色には食欲減退効果や、時間の流れを早く感じさせる効果、集中力を高める効果があります。山手線のプラットフォームに設置されている自殺防止用ライトも青色です。また、黒は後退色のため、黒色の服を着ると、身体が引き締まって見え、スリムな印象を与える視覚的効果があります。逆に、事故に遭いやすい車の色でもあります。白は進出色のため、白い服を着ると膨張して（太って）見えます（ポーポー・ポロダクション , 2006; ポーポー・ポロダクション , 2010; 山脇 , 2010, 小山 , 2009; 千々岩 , 1999）。

選択肢の中から最も正しいものを選びなさい。

1. 最もリラックス効果がある色はどれか。　（　　　）
　　a. 黄　　　　b. 緑　　　　c. 青　　　　d. 赤

2. 色を構成する 3 つの属性に当てはまらないものはどれか。　（　　　）
　　a. 色相　　　b. 彩度　　　c. 純度　　　d. 明度

3. 日本（語）の基本的な有彩色の数はどれか。　（　　　）
　　a. 3　　　　b. 6　　　　c. 10　　　　d. 13

4. 人間は何歳ぐらいに色型から形型に移行するか。　（　　　）
　　a. 3 歳　　　b. 6 歳　　　c. 9 歳　　　d.12 歳

5. 世界で最も好まれている色は何色か。　（　　　）
　　a. 青　　　　b. 赤　　　　c. 白　　　　d. 黒

2.6. まとめ

　本章では、ノン・バーバル・コミュニケーションと色彩学の基本を、簡単な例を交えながら紹介しました。各色には多様なイメージがあり、心理的・身体的に与える効果も様々です。日本のポストはなぜ赤いのか、なぜ段ボールは薄い茶色（クラフト色）なのか、ホワイトハウスはなぜ白いのか。色にまつわる謎には必ず理由があります。興味のある方は是非、色彩の世界に一歩進んでみてください。

Let's Try

表 1 も参考にしながら、身の回りの色を取り上げ、どのようなイメージや効果があるかまとめてみよう。また、その理由を調べてみよう。

....
....
....
....
....

<仁科恭徳>

3 | 絵文字

3.1. はじめに

　グローバル・コミュニケーションと聞けば何を思い浮かべるでしょう。新しいメディアが発明され、その前で何かを念じるだけで、相手にその意図が伝わるといったような、超人的コミュニケーションを想像するでしょうか。あるいは、英語ができさえすればグローバル・コミュニケーションはできると考えるでしょうか。

　実は、昔からグローバル・コミュニケーションは存在しています。すばらしい音楽を聞けば世界中の人々が感動し、ルーブル美術館のように有名な彫刻や絵画が展示された美術館には世界中の人々が鑑賞のためにやってきます。芸術作品は人種国籍に関係なくグローバルに人々へ強いメッセージを伝えます。芸術はまさにグローバル・コミュニケーションを可能にするものであり、難しく言えばグローバル・コミュニケーションのための「記号」であると言えます。しかし、コミュニケーションのための記号の代表格である自然言語は何千種類もあり、多種多様であるため、残念ながらグローバル・コミュニケーションのための「記号」であるとは言えません。

　さて、ごく最近世界中の人々が使い始めた新しいグローバル・コミュニケーションのための「記号」があります。それは「絵文字」です。過去の顔文字が発展してグラフィック表示になった、いわゆる絵文字は、英語の語彙としてもすでに「Emoji」として定着してきており、SNSを中心に世界中で大変な勢いで普及してきています。絵文字はSNSや各種メッセージングサービスにおいて主としてコミュニケーションの潤滑剤として使われています。また、発信者の感情や文のニュアンスを伝えるといったコミュニケーションの潤滑剤としての用法だけではなく、ある語彙が使われる直前または直後に同じ意味を持つ記号として配置され、その語彙の意味を強調するという用法もよく見られます。さらに絵文字は象形文字的な使われ方、つまり漢字のように使われることすらあります。伝統的なテキストベースのemailやかつてのパソコン通信では、グラフィック表示されたアイコンが一緒に使われることはありませんでしたが、今日では様々なコミュニケーションで絵

文字が使われるのは当たり前になってきています。

　ところで、私たちの日常生活では、たくさんのシンボルマークやサインに遭遇します。そしてそういったシンボルやサインに助けられて生活をしていると言っても過言ではありません。禁煙のサインはいたる所にありますし、道路標識、あるいは病院や駅など公共の場所でもたくさんのサインがあります。何か電気器具のスイッチを入れたい場合、図1のような電源スイッチを見ることがよくあります。

図1.電子機器の電源スイッチの例

　私たちは、なかば知らない間に学習をし、その結果電源スイッチの線のある方が電源投入側であり、丸のマークが電源を切る側であるということを知っています。実際のところ、この記号の由来は、線は数字の1を、そして丸は数字の0を意味しており、電源のオン・オフを1か0かで表現しているわけですが、そのこと

図2.古いタイプの電源スイッチ

を理解しなくとも、私たちはこのスイッチを慣れで使えるようになっています。過去においては、図2で示したように、電源の入り切りはそれぞれ on、off のように文字が示されたスイッチなどを使用していました。

　なお、今日ではさらに、丸と線とを一体化したスイッチもよく使われるようになっています。スイッチを押すと電源が入り、電源が入った状態で同じスイッチを再度押すことで電源が切れるといった具合です（図3）。

図3.トグル式の電源スイッチ

　今日、正式な教育を受けなくとも世界中の人々はトイレのサインを認識できます。そして図の男女の別についても間違いなく認識することができます。また公共の建物では、必ず非常口のサインを目にします。しかし、私たちはこのようなサインの意味をどのように学習したのでしょうか。おそらく子供の頃からずっとこのサインを見慣れており、しかもそれぞれの母語で「非常口」に相当する文字が

あるため、何度もこのサインを見ることでこの場所が非常口であるということが徐々に理解されていったのでしょう。今日、ほとんどの公共施設での重要なサインについては、人々は無意識に「学習」できているのではないでしょうか。

それではサインや記号が系統的に、そして意図的に学習されるようなケースはどういう場合でしょう。典型的なものとしては交通標識があるでしょう。交通標識の正確な知識がなければ自動車の免許を取ることはできません。しかしドライバーは一度覚えてしまえば、交通標識の持つ意味はまず忘れることがありません。歩行者側としても単純な標識をいくつか覚えていれば、それで日常生活で困ることはないでしょう。このように、単純な形のサインの意味を学習することは簡単であるということもあり、交通標識においては通常の言語ではなくサインが使われているわけです。

もう1つ私たちの日常的な社会生活でサインあるいはシンボルが使われている典型的な例に地図があります。正式な地図ではなくとも、日常生活では様々な地理的な位置関係を示すために地図に似通った表示方法がよく使われます。例えば図4は東京の地下鉄のマップを示しています。ここではそれぞれの地下鉄の線が実際にはそれぞれ特有の色で描かれており、色によって簡単にどの線を使えば目的地まで行けるのかがわかるようになっています。また複数の線が駅名表示部分で交わっている駅は乗換駅となり、この情報により乗換えるべき駅が容易にわかるようになっています。

図4. 東京の地下鉄マップの一部

現在、私たちは様々なサインやシンボルが日常生活において増加してきている

のを目の当たりにしています。今日ではデジタルカメラのインターフェースデザインでは文字が使われる事はほとんどなく、ほとんどの操作は何らかのサインやシンボルでわかるようになっています。これは洗濯機のインターフェースや自動車の運転席の操作パネルにも当てはまるでしょう。しかも、これらの記号が何を意味するのかについて、私たちはほとんど学習しなくても理解できるようになっています。もちろんこのようなサインや記号の急激な増加は単に商業的なデザイン分野にとどまるものではありません。日常の携帯電話やコンピューターを使ったコミュニケーションでも、ますますサインやシンボルの持つ意味が増大してきています。次のセクションでは、かつてはすべて文字言語のみで表現されていたネットワーク上でのコミュニュケーションの形態が、徐々にサインやシンボルに取って代わられつつある現状を見てみましょう。

これまでの説明をもとに、以下の質問に○×で答えてください。

Activity 1

1. よく見る電子機器の電源スイッチのデザインはある種グローバル・コミュニケーションを可能にしています。　（　　　）
2. 交通標識などの視覚的なサイン、シンボルの意味を学習するには特別で複雑な方法が必要です。　（　　　）

3.2. サイバースペースでのサイン、シンボル

　ブログ、ソーシャルブックマーキング、あるいはソーシャルネットワーキングサービス（SNS）のような新しいサービスが次々と登場してきたことで、この 10 年から 20 年の間に、ネット上での、つまりサイバースペースでの私たちのコミニュケーションスタイルは大きく変わってきました。ほんの 20 年ほど前では、Web ページでインタラクティブなコミュニケーションはできませんでした。そういった Web ページは単に不特定多数の人がアクセスして閲覧するだけであり、ほとんどが企業や各種団体のフォーマルなホームページでした。

　双方向でダイナミックなコミュニケーションができる SNS は今日では当たり前になってきており、ビジネス活動や趣味での活動、あるいは特定の興味を持つ人たちの共通のコミュニケーションの場として機能するようになってきています。これらはこの 10 年〜 20 年の急速な技術革新によって実現されたもので、今日では高価なグループウェアなどを導入することなく、私たちは無償で特定の人たち

と閉じられた空間でコミュニュケーションを行い、グループを作ってその中で活動をし、そして必要に応じて資料を共有しつつプロジェクトを推進することすらできるようになっています。

　ちょうど自動車が私たちの手足の延長となっているのと同様に、ある意味でコンピューターや携帯電話は私たちの脳の延長となりつつあると言えるでしょう。そしてコンピューターが連なったネットワーク、あるいはサイバースペースは現実社会の延長となりつつあります。また、サイバースペースが現実の世界よりもずっと重要であると感じている人もいます。

3.2.1. サイバースペースを構成するもの

　すでに見てきたように、私たちはますますサイバースペースに依存するようになってきています。サイバースペースでのコミュニケーションを行うため、様々なアプリを利用し、同時にファイルの保管や共有などで様々なクラウドシステムの恩恵を受けるようになってきています。これほどまでに日常生活がネットワーク関連の科学技術やサイバースペースそのものに強く依存をするといった時代は過去にはなかったことと思います。ところでこのサイバースペースは一体何からできているのでしょうか。もちろんサイバースペースにはいろいろな種類のファイルがあり、そして同時に巨大な情報の集積があります。けれども現実としてサイバースペースの存在を可能にしている要素は書き言葉ではないでしょうか。例えば電子メールを書く、そしてブログを書くという時や SNS でコミュニケーションを行う場合にも言葉が使われます。必要な情報、あるいは必要なファイルを探す時にも、言葉を入力して検索活動を行います。ある商品やサービスについてコメントをする場合にももちろん言葉を使います。画像、動画といった書き言葉ではないファイルについても、ファイル名などメタデータが書き言葉であるからこそ検索が可能になります。

3.2.2. サイバースペースでのコミュニケーションの特質

　サイバースペースでのコミュニケーションには独特な特徴があります。つまり、通常は一度発信されたメッセージは取り消すことがほぼ不可能であるということです。このことは Twitter あるいはその他のポピュラーな SNS で経験できることです。また、書き言葉のみでのコミュニケーションの場合、Skype などのように、

何らかのマルチモードのコミュニケーションを行わない限り、イントネーションやリズム、ストレスなどのいわゆる韻律的特徴や身振り手振り、それに顔の表情といったいわゆる非言語情報を伝えることは不可能となります。このため、当然ながら快適でスムーズなコミュニケーションをサイバースペースで行うことは難しくなります。ところが、様々な研究でわかってきたのですが、純粋な書き言葉が伝えようとする内容よりも、イントネーションや身振り手振り、あるいは顔の表情などの非言語情報が伝える内容の方がある意味で情報量が多いという現実があります。

　当然ながら、共有情報が少ない初対面の人がオンライン上で書き言葉のみでのコミュニケーションを行うということはなかなか難しいことです。もちろん現実社会においても初対面のコミュニケーションはなかなか難しいものであり、双方にある程度のプレッシャーを与えるものです。しかしその場合、韻律的特徴や非言語情報が付随するため、比較的短い間にスムーズなコミュニケーションができるようになってきます。サイバースペースではそうはいきません。このためサイバースペースでは書き言葉による極端な激論に遭遇することがよくあります。こういった激論というものは、おそらく双方が現実社会で face-to-face でのディスカッションをすでに行っていれば起こらないでしょう。ネットワーク上での激しい喧嘩ではよく「先ほどの私の書き込みはこんなつもりで書いたのではなかったのだ」というような言葉が繰り返されます。そして本来議論したい内容というよりは、もっぱら自らの投稿内容の正当化が延々と行われることになり、最後にはいわゆる炎上に至ります。このような場合には議論はもはやコントロール不可能になってしまうことが多いものです。

3.2.3. 顔文字の登場

　絵文字と呼ばれるグラフィックの記号ができる前に、すでに文字の組み合わせによる「顔文字」、英語で言う emoticon または smily というものが普及していました。これがテキストのみの、ある意味理詰めの対話が多かったサイバースペースでのやり取りをソフトにし、人間らしさを添加してくれたと言えます。当時から顔文字はサイバースペースでのニュアンスや非言語情報を示す記号として機能していました。顔文字は、"This paper looks quite strange ;-)" のように、たいてい文末やフレーズ末に置かれました。これにより、書き手の感情や相手に対す

る気持ちが表現できるようになってきます。アジア圏、特に日本では独特の顔文字が発展しました。西洋のものとは異なり、日本の顔文字は、例えば"(^_^)"のように、文字と同じ向きのままで表現が可能でした。日本の顔文字は西洋流の顔文字とはスタイルにおいては異なっていましたが、それでも世界中の人が一目で見て何を示すのかは理解できます。図5は日本など東アジア諸国の顔文字ですが、やはり表そうとしている意図は簡単に理解できるでしょう。

(^-^)　Smily　　\(^o^)/　Very excited

(T_T)　Sad　　(¬-¬)　Angry

(-_-)　Sleepy

図5. 東アジアで使われる顔文字の例

　これら東アジア系の顔文字では頻繁にダブルバイトの文字が使われ、このおかげでよりバラエティに富んだ顔文字表現が可能になっています。図6は日本語でのコミュニケーションでよく使われる顔文字のうち恐怖などを表すものの例です。このような顔文字の使用にあたっては、図6の例のようにコワイヨーやギョッのような間投詞も一緒に使われることがあります。

(>_<)　　コワイヨー　　(°ロ°)　ギョッ

((p(>_<)q))　いやぁぁぁ　　(・_;)　シクシク

\(><)シ　ぎょぇぇぇ　　(>。<)　たすけてー！

図6. 恐怖などを示す日本語環境でのダブルバイト文字による顔文字の例

3.2.4. 絵文字の本格的な登場

　文字ベースの顔文字はどちらかと言えばコンピュータユーザによって使われてきましたが、グラフィックスタイルの新しい絵文字は日本では携帯電話で頻繁に使われるようになり、それが最近になりいろいろなメディアに広がってきたのが実情です。"Emoji"という語彙が Oxford Dictionaries Word of the Year 2015 に選ばれ、この単語がすでに英語の語彙として定着していることからもわ

かるように、日本語圏以外の人々も絵文字を使うようになってきています。現在では、iOS、macOS、そしてWindows 10でも絵文字の入力は簡単にできるようになり、世界中の人々がその気にさえなれば簡単に絵文字を入力できるようになってきました。図7はスマートフォンで書き込みをしようとした際に、飲食物のジャンルで絵文字入力のメニューを開いた時のスクリーンショットで

図7. スマートフォンでの絵文字入力
メニュー（実際はカラー）

す。絵文字入力のメニューがグローバルに提供されていることがわかります。

3.2.4.1. 若者に見る新たな絵文字使用スタイル

　ここまでで絵文字は声のトーンや顔の表情など、純粋な言語を取り囲む韻律や非言語情報の代替物として使われることが多いことを述べてきました。このような絵文字の用法を、言語とともに使われ表現をよりダイナミックにする機能を持つということで、絵文字のパラ言語的(Paralinguistic)用法と名付けましょう。なお、すでにAzuma & Ebner (2008)やAzuma (2012)などでも報告しましたが、日本では絵文字を文中の単語と同じ意味を表す記号として使うことがあります。若い女性に多い用法ですが、これによりその語彙が強調され、状況がよりリアルに表現されます。これは、先ほどのパラ言語的用法とは異なる絵文字の使われ方になります。通常の書き言葉の語彙と重複して使われることから、この用法を絵文字の重複(Duplicated)用法と名付けることにします。Azuma (2012)では女子大学生がブログに書いたものを示しましたが、似たものを挙げておきます。

お手紙発見👀✉️🖤

明日5時起き🚄で電車🚃で大阪へ

　なお、パラ言語的用法の絵文字は通常文やまとまりのあるフレーズの末尾に来

ることが多いのですが、重複用法の絵文字については、ほとんどの場合文中の同じ意味を持つ単語の前後あるいは近くに配置されます。

3.2.4.2. 絵文字による単語の置き換え

　ときおり遭遇する新しい絵文字の使われ方に象形文字的 (Ideographic) 用法とでも言うべきものがあります。つまり、あたかも漢字のように独立した「語彙」として使われる用法です。例えば、以下のようなものがあります。

昨日■が壊れました...

（もちろん、絵文字はスマートフォンを示しています。）

今日は久しぶりに🚐運転

（絵文字は自動車のことです。）

わたしはこの🌲をバックして📷撮りました

（文の意味＝この「木」をバックにして「写真」を撮った。）

　上の例は女子大生の例ですが、実際には男性である程度年齢の高い人もこの用法を使う人はいます。例えば以下のような Twitter での投稿はよく見られます。「ビール飲みながら」という意図で「ビール」が絵文字に置き換わるというものです。

Kobe Kie @kobe_kie

ミーティング後に🍺飲みながら投稿しているので、もしかしたら誤字があるかもしれません。……

　有名なテニスプレーヤー Andy Murray は Twitter ですべて絵文字による投稿をしたことで大きな話題を呼びました。ご存知のように SNS では次の例のように、テキストなしで絵文字のみでの投稿が可能になってきています。絵文字はもはや世界中で使われるようになってきており、しかもこの象形文字的用法も日本国内だけではなく国際的にも使われるようになってきています。

3.2.5. 絵文字使用に関する簡単な記述分析

　絵文字の3つの用法、つまりパラ言語的用法、重複用法、そして象形文字的用法がどういった頻度で使われているのかを簡単に Twitter 上で調査してみました。2017 年7月1日から 2017 年8月 16 日までの間に 145 のツイートをした女子大生の MK さんと、同時期に 146 のツイートをした PP さん（実際にはあるテレビバラエティ番組の公式ツイート）の絵文字使用について、3つの用法それぞれの数を合計してみました。結果は図 8 のとおりです。

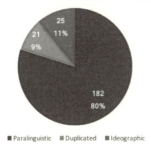

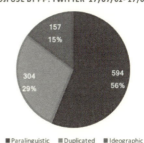

図 8. Twitter 上の MK さんと PP さんの絵文字の分類
(2017/7/1 〜 2017/8/16)

　やはり圧倒的に絵文字使用についてはパラ言語的用法が多いのですが、それでも約 10 年前と比較すれば重複用法、象形文字的用法ともに増加傾向にあるようです。Azuma (2012) で報告したほぼ 10 年前の女子大生のブログ投稿のデータの場合、重複用法は 5% 〜 10%、さらに象形文字的用法はせいぜい 2% 〜 3% でした。今回2件のツイートしか分析していませんが、特に若者の SNS での投稿状況から判断すれば、アクティブな SNS ユーザの絵文字使用状況は徐々

3

に変化しており、重複用法や象形文字的用法など、よりダイナミックな、つまり一種の語彙としての絵文字使用が増加しているように思われます。

3.3. 絵文字と漫画の表現力

さきほどの 3.2.4.2. の最後に示したように、複数の絵文字を並べることで大雑把な意味を表すことができます。しかし絵文字を並べることで自然言語と同じような内容を表すことができるでしょうか。まず1つだけ絵文字を書いた場合を考えてみましょう。例えば、

という絵文字はカメラを示す名詞なのか写真を撮るという動詞なのか、つまり品詞が不明です。しかし

といった具合に絵文字がいくつか並ぶと、「教会で結婚式を挙げ、指輪の交換をし、キスをして参列者が拍手をし、新郎新婦が署名をした後音楽が鳴り響き、参列者が写真やビデオを撮影した」というようにその意味内容が明確になってくることがわかります。つまり複数の絵文字を並べることによって全体がまず把握され、そして個々の絵文字のその場面での意味が際立ってきます。逆に言えば、1つの絵文字単独では正確にある行為を表すということは不可能かもしれません。

さて上の絵文字による文のような表現にしろ、さきほどの 3.2.4.2. の絵文字によるツイートにしろ、これは過去のことなのでしょうか、あるいは未来のことを表しているのでしょうか。このように多数の絵文字を連ねることである程度の意味を示すことができても、例えば時制を正確に表すことは不可能に近いと言えます。そして絵文字による文が単にある事実を述べているのか、書いた人の希望を表しているのか、あるいは相手に対して何らかの要請、または禁止をしているのか、などといったことも不明です。

自然言語の場合には、文法があるため単語は決められた順序に並べなければなりません。また、単語と単語をつなげるのに別の単語が必要であるといった

ケースもあります。この種のはたらきをする絵文字は今のところ存在しません。例えば「神戸に住んでいます」の「に」や、I live in Kobe での in のような単語に相当する絵文字です。また、「神戸に住まねばならない」というように義務や要請を絵文字で簡単には示すことはできません。このように、象形文字的用法を持つ絵文字を単に並べただけでは自然言語のように豊かな表現はできないことが理解できます。しかし、ここで私たちは、むしろ「絵文字で文レベルのことがある程度表現できてしまう」という事実にむしろ注目する必要があると思います。

　実は「絵文字で文レベルのことがある程度表現できてしまう」という点で漫画の理解と通じるところがあります。例えば、次の図9を見てみましょう。

図9. シャンパンを飲む女性の漫画

　ここでは注がれたシャンパンを飲み、酔っ払ってしまった女性が描かれているように見えます。「描かれているように見えます」と書いたのには、理由があります。なぜなら、これらの人がすべて同一人物であるという確証はありません。また、1つ目と2つ目のコマのグラスは同一のものであるという確証もありません。しかし、読み手は当然のこととして同一人物がシャンパンを飲んだため酔っ払ったという理解をします。次に示した図10も同様です。左のコマの NOOOOO! と叫んでいる人は本当にピストルで撃たれたのでしょうか。これも実際には確証がありませんが、私たちは漫画のコマの「間」を読み取り、この人がピストルで撃たれ、その際の叫び声が夜の街に響き渡ったと理解します。実際のところ真ん中のコマの内容については、この街が左の人が住んでいる街であるという確証すらありません。この3コマの漫画について、「男を殺したのは読者である」とすら言えます。

図 10. 漫画のコマ間のスペースが持つ表現力

　漫画については、このようにコマの間で飛躍があったとしても、その部分は読者が補って理解してくれるため、ストーリーをスムーズに読むことが可能であると言えます（McCloud, 1993）。絵文字の連鎖だけで、ある程度のまとまった意味を表現できるのは、このような漫画の持つ伝達力のようなものが絵文字の連鎖にも機能するからだとも考えられます。

Activity 2

これまでの説明をもとに、以下の質問に○×で答えてください。
1. SNS などでの絵文字使用では、象形文字的用法が一番多くなっています。　（　　　　）
2. 漫画のコマの間での話の飛躍があっても、読み手はストーリーを積極的に補って理解するので話に矛盾は生じない。　（　　　　）

3.4. まとめ

　重複用法、象形文字的用法が増加しつつある若者の絵文字使用の状況を見ると、今後カジュアルなコミュニケーションではますます絵文字のみで行われるようになるのでしょうか。そして、最終的にはグローバルにコミュニケーションができる絵文字言語が成立することになるのでしょうか。未来のことはわかりませんが、絵文字のみを使った絵文字言語が成立するには、2つの条件が必要であると考えられます。1つは最低限十分な量の語彙となんらかの文法規則が必要であるということ、もう1つは人々が絵文字を多用するようにさせるなんらかのプレッシャーがあることです。実は後者のことについては、筆者がかつて行った簡

単な実験があります (Azuma & Ebner, 2008)。この実験ではオーストリアの
グラーツ工科大学に特別なブログサイトを設定してもらい絵文字入力を可能にし
てもらいました。日本人大学生とオーストリアの大学院生の間でできるだけ絵文
字を使って対話するように、そして無理になれば英語コミュニケーションをしても
よいと指示しましたが、このようなプレッシャーを与えることで当然ながら絵文
字利用は増えましたし、予想通り象形文字的用法の絵文字がほとんどを占めまし
た。つまり、何らかのコミュニケーションの必要性があり、絵文字しか使用する
コミュニケーション記号がなければ人々は進んで象形文字的用法の絵文字を使っ
たコミュニケーションを行うだろうと予測されます。問題は豊富な、そして品詞表
示が明確になった語彙体系が用意され、絵文字用の文法規則が整備されるかど
うかということになります。

　ところで、今までのインターネット関連技術などを振り返ると、まずは規則を
整備してから新しい技術を展開するという道筋が取られていないことが多いこと
がわかります。かつて話題になった Semantic Web についても、一定のルール
に従って「意味を持つ Web」を構築することはあまりはやらず、実際には膨大な
数のインターネットユーザが好きなように情報の収集・分類を行った、いわゆる
集合知をもとに今日の検索活動が可能になったというのが実情です。自動翻訳
についてもしかりで、自然言語の解析をもとに、構文解析、意味解析の後に規
則に基づいて別の言語に変換するという形をとらないものが台頭してきています。
最近のこのような趨勢を考えれば、絵文字文法づくりの問題などは私たちが考え
もしなかったような方法で解決していくのかもしれません。ちょっとしたきっかけ
で絵文字使用の頻度が世界中で突然爆発的に増え、絵文字言語が本当に「グロー
バル言語」になる日もそう遠くはないかもしれません。

Let's Try

絵文字に漫画の持つ表現力を加えてさらにダイナミックな絵文字をデザイン
してみなさい。

※この章での図8をのぞくイラストは、神戸学院大学グローバル・コミュニケーション学部3年生(当時)
　の北口貴絵さんによるものです。この場を借りてお礼申しあげます。

＜東淳一＞

4 都市デザイン

4.1. はじめに

　世間でよく耳にする"グローカル"という言葉を皆さんも一度や二度は聞いたことがあるのではないでしょうか。これはグローバル化が進む現代において、それと同時に、地域が多民族、多文化、多言語、多宗教になるということを指しており、グローバルとローカルを併せた造語です。つまり、グローバル化が進む中で地域自体を構成する様々な要素が多種多様化し、国内の地域と国外のあらゆるものとの間で直接対話が進む状態を指します。今、日本国内を見渡しても、東京一極集中を避けるような形で、地方創生といった取り組みも進み、ますます地域の個性が問われる時代となっています。そのような中、本章では、世界に向けた地域の個性を発信する手法の1つとしての都市デザインについて取り上げます。

4.2. 都市デザインとは？

　世界に発信する前に魅力的で個性が光る地域をつくるには何が必要不可欠でしょうか。まず欠かせない要素として、その地域をつくる住民の存在です。地域で暮らす住民が生き生きとした生活をおくる地域を目指すことが重要だということとです。地域では"人"という存在を大切にしながら、持続可能な社会を形成する手法が必要とされています。都市や地域の中で多様な価値観や空間などをマネジメントしていくものとして都市デザインや地域デザインマネジメントが柱となります。

4.2.1. 都市デザインが生まれた背景

　本項では、都市（地域）をデザインする、マネジメントするとは、どのような背景から生まれたのかを説明します。現代の都市デザインの考え方が生み出されたアメリカ合衆国（以下、アメリカと略称）での歴史的背景と日本への手法の導入などについて見ていきます。

そもそもの出発点は、1950年代から60年代にかけてアメリカにおいて深刻化した都市荒廃にあるとされています。自動車が一部の限られた人にのみ使用されていた時代から広く普及したことによる急激な都市の郊外化が起こった時期です。この影響で市街地が無計画に郊外に広がってしまい、上下水道や交通機関といった社会資本の非効率化や都心のスラム化や空洞化を招いたことが大きな要因でした。さらに、当時の連邦政府の主導による過度な公共事業や公共政策により歴史的な環境が破壊されたため市民の不満が募っていきました。

　1970年代になると、ニューヨーク市といった比較的大規模な都市では市民目線の都市像が重要視されるようになり、その実現にあたっては、連邦政府ではなく都市自治体の判断に基づいて行われるようになります。そして都市デザインの最初の手法が生み出されることになります。ここで、当時定着した都市デザインの手法について少し触れたいと思います。

　表1では都市デザインの手法を①～④の4つの段階にわけて記載しました。地域内で①～④を段階的に実施することが、現在の日本でも都市デザインの手法として広く活用されています。

表1. 一般的な都市デザインの手法

①自治体の判断に基づいた目標設定、計画の策定
②開発の規制強化、ゾーニング制度の活用
ゾーニング都市整備とは、開発計画や法律などに合わせて地域を一定の範囲で区分し、区分された地域に建築や土地利用の規制を課すことである。アメリカやドイツ連邦共和国などが有名。 <事例>高松市…丸亀町再開発事業として、約470メートルの商店街を7つの「街区」にゾーニングし、街区ごとに特徴を持たせながら、公園や飲食店、福祉サービスといった機能を付与し、段階的に再開発を行っている。
③歩行者を中心とした公共空間の形成
<事例>札幌市…札幌駅前通公共地下歩道は、札幌市のメインストリート、札幌駅前通の真下を通り、地下鉄南北線さっぽろ駅と大通駅間の約520メートルをつなぐ地下空間（徒歩約10分程度）。2011年に開通し、イベントの多い大通公園とも直結しており、「憩いの空間」と「交差点広場」では特産品などの販売、アート作品の展示などのイベントを行っている。

<事例>飯田市…第三セクター（国または地方公共団体と民間企業との共同出資によって設立された事業体）として設立された株式会社飯田まちづくりカンパニーは、飯田市にある全長約１キロメートルの昔ながらの並木通りに、地元中学校の生徒の発案でりんごの木を植える事業を実施した。このりんご並木は公園のような道路として地域住民や来訪者によって親しまれている。

出典：上野作成

　また、表１の①〜④に加え、市民参加や自治体組織の改善なども都市デザインの手法の重要な要素となります。

　では、アメリカで生まれた都市デザインという考え方はどのようにして日本に根付いたのでしょうか。

　ニューヨーク市などで 1970 年代に都市デザインが生まれたのとほぼ時期を同じくして、日本においてもその実践が行われています。郊外開発への対応や都市の個性の創出が謳われるようになったのもちょうどこの時期です。当時の日本はアメリカ以上に中央集権的でしたが、横浜市や神戸市といった都市を中心に、景観面のガイドラインや、市民参加などの都市デザインの考え方が徐々に普及していきました。

　続いて、日本の特徴的な都市デザインの取り組みとして 2008 年にユネスコ創造都市ネットワークのデザイン都市に認定された神戸市の事例などを中心に紹介していきます。

4.2.2. 都市の事例

　神戸市が認定されたユネスコ創造都市ネットワークは、文化的な産業の強化により都市の活性化を目指す世界の創造都市の連携による相互交流を支援するために 2004 年に創設されました。文学、映画、音楽、クラフト＆フォークアート、デザイン、メディアアート、食文化の７つの分野が設定されており、全世界で 100 を超える都市が認定を受けています。日本における都市デザインのトップランナーとして走ってきた神戸市が、このうちデザインの分野で異なる文化の相互理解を目指すユネスコに認められたということは、本章の中心課題である都市デザインを通じたグローバル・コミュニケーションの好事例だと言えるかもしれません。そこで、このように都市デザインの分野で世界的にも名高い神戸市が実際

どのような取り組みを行っているのか見ていきたいと思います。

　神戸市では上述した都市デザインの一般的な手法や考え方とは別に、都市戦略の中で都市をデザインするという視点を重要視しています。対外的にも「デザイン都市・神戸」として、「住み続けたくなるまち、訪れたくなるまち、そして、持続的に発展するまちをめざして、文化・教育にたずさわる人々や企業だけではなく、すべての市民が、神戸の持つ強みを活かし、デザインによって新たな魅力を"協働と参画"で創造する都市」という基本理念を掲げています。

　以前より神戸市は国外から人、情報、物資を受け入れ、多様な価値観を融合することによって文化を発展させてきましたが、あらためてその個性あるまちを見つめなおして、まちの個性に磨きをかけるためにデザインというキーワードを持って具現化しています。なかでも中心的な取り組みの1つとして挙げられるのが「デザイン都市・神戸」創造会議を実施し、市の施策や事業、今後の方針などについて、専門家や有識者が"デザイン"の観点で提案を行っていることです。2016年7月には、市民や事業者、学生を含む100名を超える人たちが一堂に会した「神戸クリエイター会議」が開催され、「ワカモノの都市」、「デザイン都市と瀬戸内」、「創造的人材育成」といった7つのテーマでプロジェクトが生まれました。これらのプロジェクトは、市民が動かすまちづくりとして実際の現場で実践されており、まさに市民によってまちが磨かれていく好事例と言えるでしょう。

　次に、結果として都市の魅力や成長を顕著に表す数値の1つに観光客数があります。そこで、近年観光客の増加が目立つ京都市の取り組みについて今度は見ていくことにしましょう。

　京都市が公開している「平成27年京都観光総合調査」によると、京都市の観光客数は2014年1月〜12月の約5,564万人から2015年1月〜12月の約5,684万人と前年比約2.2%増加しており、2015年の観光客数は過去最高を記録しました。

　なかでも京都市が特に力を入れているのが、外国人観光客誘致です。京都市では、外国人向けに歴史や文化、京都市の行政に関する冊子を京都市内の大学の外国人留学生と協働で作成しています。冊子は、英語版や中国語版といった多言語で対応しており、「京都発信パンフレット」として人気を博しています。また、京都市の地域特性を生かした「京都まなび観光」を推進するため、地域の伝統工芸にはじまり、京野菜の検定など「まなび」と「観光」を連携させる仕組

みをつくっています。こういった取り組みが功を奏し、外国人宿泊客数は、2015年に過去最高となる約316万人を記録しました。

上記のように、京都市の事例では地域住民と連携を図り地域資源をうまく活用しながら、地域の魅力を高め、国内外に発信し、都市や地域づくりの目的の1つにある観光客誘致に成功しています。

本項で取り上げた事例のように都市デザインとしての理論的枠組みを超えた市民との協働によるデザイン思考の地域づくりというものが多く存在しています。地域の個性を打ち出すためには、内在する地域資源を見つけ出しながら、新たな価値観と融合していくことが必要になっているということです。次節では、このような地域特有の発展により起こり得る地域間競争という概念について見ていきたいと思います。

これまでの説明をもとに、以下の質問に〇×で答えてください。
1. 都市デザインは、アメリカの大都市を中心に都市の郊外化が無計画に進んだことに起因し生まれた考え方です。　（　　）
2. 都市デザインは自治体が計画などを策定し、市民は実施主体としてのみ協力することが求められています。　（　　）

Activity 1

4.3. 地域間競争

今、地域では「地球規模の地域間競争」が起きていると言われています。先ほどの神戸市や京都市の事例のように、地域自体が独自の個性や魅力を持ち発展することにより、地域間相互で競争することになります。その競争相手は近隣地域に限らず、遠い地球の反対側にいるかもしれないという状態になっていることを表しています。

こういった地球規模の地域間競争を加速化した要因として、「情報化」と「グローバル化」が挙げられます。情報化とグローバル化は企業や人の行動範囲を大幅に広げたことは言うまでもない事実です。仮にある地域や国の情報、交通が途絶えたとしても、それに代わるものがまた新たに登場する現代の世の中において「地域間競争」は今後ますます深刻化していくでしょう。これはある意味では地域の発展を促す起爆剤となる可能性も秘めています。しかし、すべての地域がその地域間競争に勝てるわけではありません。地域によっては非常に大きな脅

威となります。地域自体は物理的に動くことができませんが、企業や人は地域を選択し、自由に移動が可能となります。つまり、地域は、企業や人に選択してもらわないと存続できない状態に陥っています。選択された地域はますます発展していくことが予想される一方、企業や人が奪われる地域は地域自体の存在が危ぶまれることも危惧されることでしょう。都市研究家のジェイン・ジェイコブズは著書『発展する地域　衰退する地域』（2015）の中で停滞する地域の人々の心情を次のように表しています。「停滞地域の人々が自分たちの土地に全く愛着をもたないとか、移住するのが好きな人が多いということではない。ことに、慣れ親しんだ文化を離れて見知らぬ文化の中に入ったり、あるいはまた、家や家族から遠く離れたところに身を置かねばならないとしたら、貧困と仕事不足を逃れるために国外に移住するというのは、二つの悪のうちひどくないほうを選ぶという、苦しく辛い選択にちがいない。」このように衰退する地域は、はたらく場所や環境が奪われ、人口減少が加速化する中で、人の深層心理とは別のところで地域が衰退するという悪循環に陥っていくこともあるということです。これは「地球規模の地域間競争」とは発展する地域の裏側で地域の存続が危ぶまれるといった地域も多く存在する状況を指しており、国という枠組みを超えた非常に大きな地域の転換期と言っても過言ではありません。

　このように地球規模での地域間競争は、人口増減に如実に現れます。魅力のある地域には人が集まり、魅力のない地域からは人が出ていきます。これは上述のように、貧困や仕事不足による結果かもしれません。少なくとも日本を含む多くの自由主義の国では、人が地域間を移動する動きを制約することはできません。そこで今度は客観的な指標の1つとして日本国内の市町村別人口増減数や人口増減率について見ていくことにしましょう。

　国勢調査（総務省統計局）によると、2010年～2015年の人口増加数が最も多かった市町村は、特別区部（東京都）の約32万7千人で、次いで福岡市の約7万5千人です。一方、人口減少数が最も多かった市町村は、北九州市の約1万5千人で、次いで長崎市の約1万4千人となっています（表2）。また、人口増加率が最も高かった市町村は新宮町（福岡県）の約22.9％で、次いで十島村（鹿児島県）の約15.4％です。一方、人口減少率が最も高かった市町村は、楢葉町の約87.3％で、次いで女川町（宮城県）の約37.0％となっています（表3）。

　このような人口増減の様々な数値を見ることで、その地域の現状を把握する

表2. 人口増減数の多い市町村の人口及び人口増減数（2010年～2015年、上位10位抜粋）

順位	人口増加数の多い市町村		人口（人）2015年	増減数（人）2010～15年	人口減少数の多い市町村		人口（人）2015年	減少数（人）2010～15年
1	特別区部	（東京都）	9,272,565	326,870	北九州市	（福岡県）	961,815	-15,031
2	福岡市	（福岡県）	1,538,510	74,767	長崎市	（長崎県）	429,644	-14,122
3	川崎市	（神奈川県）	1,475,300	49,788	石巻市	（宮城県）	147,236	-13,590
4	さいたま市	（埼玉県）	1,264,253	41,819	南相馬市	（福島県）	57,733	-13,145
5	札幌市	（北海道）	1,953,784	40,239	函館市	（北海道）	266,117	-13,010
6	横浜市	（神奈川県）	3,726,167	37,394	下関市	（山口県）	268,617	-12,330
7	仙台市	（宮城県）	1,082,185	36,199	青森市	（青森県）	287,622	-11,898
8	名古屋市	（愛知県）	2,296,014	32,120	横須賀市	（神奈川県）	406,686	-11,639
9	大阪市	（大阪府）	2,691,742	26,428	呉市	（広島県）	228,635	-11,338
10	広島市	（広島県）	1,194,507	20,664	静岡市	（静岡県）	705,238	-10,959

注1) 原発事故災害により、全域が避難指示区域である町村を除いています。
注2) 東京都特別区部は23区をまとめて1市として扱っています。

出典：上野作成

表3. 人口増減率の高い市町村の人口及び人口増減率（2010年～2015年、上位10位抜粋）

順位	人口増加率の高い市町村		人口（人）2015年	増加率（%）2010～15年	人口減少率の高い市町村		人口（人）2015年	減少率（%）2010～15年
1	新宮町	（福岡県）	30,339	22.9	楢葉町	（福島県）	976	-87.3
2	十島村	（鹿児島県）	758	15.4	女川町	（宮城県）	6,334	-37.0
3	大和町	（宮城県）	28,252	13.5	南三陸町	（宮城県）	12,375	-29.0
4	与那原町	（沖縄県）	18,429	12.9	川内村	（福島県）	2,021	-28.3
5	与那国町	（沖縄県）	1,843	11.2	山元町	（宮城県）	12,314	-26.3
6	長久手市	（愛知県）	57,593	10.7	上北山村	（奈良県）	510	-25.3
7	戸田市	（埼玉県）	136,083	10.6	大槌町	（岩手県）	11,732	-23.2
8	つくばみらい市	（茨城県）	49,146	10.5	黒滝村	（奈良県）	655	-23.2
9	昭和町	（山梨県）	19,507	10.5	広野町	（福島県）	4,323	-22.0
10	東神楽町	（北海道）	10,231	10.1	風間浦村	（青森県）	1,977	-19.7

注1) 原発事故災害により、全域が避難指示区域である町村を除いています。
注2) 東京都特別区部は23区をまとめて1市として扱っています。

出典：上野作成

きっかけとなることもあるでしょう。ぜひ一度皆さんの住んでいる地域や出身地などの人口増減について眺めてください。もちろんすべての地域で先述した理由により人口が増えたり、減ったりしているとは限りませんが、そこにはきっと地域に関する新たな発見が見えてくるでしょう。

　本節では、地域間競争の意味とそれによって起こる問題、そして、客観的指標としての人口について見ていきました。続いては、都市デザインの説明の中でも紹介した地域住民の存在がいかに重要か見ていきたいと思います。

4.4. 住民の役割

　先ほどの神戸市の事例では特に地域づくりを市民一人ひとりがデザイン思考で考えることが求められているということを見てきました。そして、それを様々なプロジェクトという形で自らが実践することにより、新たな課題を見つけ、さらに新たなアクションを起こす好循環になることも期待されています。つまりそれはPDCA（Plan-Do-Check-Act）サイクルを地域住民自身によって回していくことになるでしょう。そして自治体がそれをうまくサポートすることによって、新たな政策につなげていく風潮が昨今の地域づくりには必要とされています。

　地域住民が政策を変える権利があると自覚し、積極的に意見を言い行動するモチベーションを持つ地域住民が増えると、そのまちが変わるということを意味しています。そして神戸市の事例のように市民同士で議論して完成したプロジェクトはおのおのが主体性を持つため、永く愛され、更新されていきます。

　行政の役割は長期的な視点でリスクを冒しながらでも舵取りを行うことであり、市民のアイデアや行動を実現／具現化するために開発業者のリーダーシップが必要とされるでしょう。さらに、そのまちのビジョンやそれに向かっていくための物語をまとめる進行役も必要不可欠です。地域住民がまちに誇りや愛着を持ち、磨いていこうとする意欲を啓発し、そしてそこにデザイン思考が加わればまちが大きく発展していくことになるでしょう。ますます活発化する地域間競争の中でいかにして生き残っていくかは地域住民の役割が重要となることはここまでの話の中である程度理解いただけたのではないでしょうか。本節では、住民自身が地域資源を発掘し、後世に継承していく例を紹介します。

4.4.1. 地域資源を（再）発見し、継承する

　そもそも地域づくりとは地域資源を（再）発見し、磨き、それを育てるものと言えます。地域住民にとっては見慣れた当たり前のまちが価値を持っているということを再発見してもらう必要があるということです。つまりそれは、地域資源であり、地域の宝となります。守るべきまちの価値とは何か、それはどのように現実のまちのなかに存在しているのかについて明らかにする必要があります。

　そこで、地域資源を発見し、磨き、継承するという流れでは、様々な世代でまちをつくり上げるという考えが必要となってくるでしょう。これは「多世代共創」という言葉に置き換えられますが、「多世代共創」が社会に普及・定着するためには、「地域資源」に対する共有意識の継承が重要な課題と考えられています。実際の地域活動への参画との関係を考えると、地域資源の共有意識は、地域活動への参画の重要なモチベーションとなっており、意識の継承は、多世代共創の普及・定着を考える場合に重要な課題となります。実際に地域活動には参加できていなくても地域資源の共有意識の高い人は、機会があればそうした活動に参加するポテンシャルを有していることから、活動内容の周知や活動時間の配慮といったポテンシャルとニーズをうまく合わせる取り組みは、多世代共創を社会に普及させていくための課題と言えます。また、地域において多世代が交流する場がある、地域活動に熱心な人・団体がある、といったことは地域資源の共有意識を高める要因となっていることから、地域全体の考え方を変えていくことも、多世代共創が普及・定着していくためには重要な要素と考えられています。

　そこで、現代社会ではボランティア活動（無報酬による活動）が主となる地域活動においてどのような特性を持った地域住民が積極的に関わっているのかについて見ていきたいと思います。表4は著者が関わった2016年〜2017年の全国Webアンケート調査の結果です。

　まず今回は、「多世代共創」に焦点を絞った考察を行うため、子供の頃の経験を通して、その継承可能性を確認しましょう。アンケートにおいては子供の頃の地域活動経験を問う設問を設けており、表4は、「子供の頃、親や祖父母が地域活動に参加する際に一緒に参加して育った。」ことにどのくらい該当するかどうかと、本人の地域資源への関わりの意識として「自分が積極的に関わることで地域資源を守ったりより充実させていきたい。」という設問に対する回答との関係を見たものになります。表4によると、子供の頃に両親や祖父母と地域活動に参

表4. 地域資源に対する意識と子供の頃の地域活動経験

自分が積極的に関わることで地域資源を守ったりより充実させていきたい

		同意しない	どちらかと言えば同意しない	どちらとも言えない	どちらかと言えば同意する	同意する	計
子供の頃、親や祖父母が地域活動に参加する際に一緒に参加して育った	全く当てはまらない	234 (15.9)	243 (16.5)	558 (37.9)	287 (19.5)	152 (10.3)	1,474 (100.0)
	あまり当てはまらない	99 (4.3)	304 (13.2)	863 (37.4)	799 (34.6)	243 (10.5)	2,307 (100.0)
	どちらとも言えない	164 (4.3)	216 (5.7)	2,131 (56.2)	996 (26.3)	287 (7.6)	3,794 (100.0)
	やや当てはまる	93 (2.9)	265 (8.4)	1,114 (35.2)	1,280 (40.4)	414 (13.1)	3,166 (100.0)
	よく当てはまる	40 (6.4)	34 (5.4)	150 (23.8)	209 (33.2)	197 (31.3)	630 (100.0)
	計	630 (5.5)	1,062 (9.3)	4,816 (42.4)	3,570 (31.4)	1,293 (11.4)	11,371 (100.0)

注）表内の値は回答者数。カッコ内の値はおのおのの割合です。　　出典：上野作成

加した経験のある人は、その人自身が地域資源に対して積極的な意識を持っている傾向があることがわかります。このことは、地域活動に親子で参加することによって地域資源の共有意識が親子間で継承される可能性を示唆していると言えるでしょう。

　次に「地域資源」に対する共有意識の世代間継承や若い世代の雇用が生まれた好事例として、滋賀県長浜市（以下、長浜市と略称）での取り組みを紹介したいと思います。1980年代のまちの衰退を危惧した比較的若い市民の中から、1988年に民間資本を中心として第三セクターである株式会社黒壁（以下、黒壁と略称）が設立されました。長浜市の中心部には、1900年に百三十銀行長浜支店として建築され、またその外壁が黒漆喰の様相から「黒壁銀行」の愛称で親しまれていた建物が存在していました。その保存と活用のために民間企業8社と長浜市の協力により、黒壁を出資金1億3千万円でスタートさせました。当初の黒壁は、出資者などを通じて経営者を決めたことや経営者は直接的な収入を得ないなど、黒壁銀行を保存するために郊外の長浜楽市との差別化を図る商売を行う方針を持って始まりました。また、代表者には長浜市の職員を派遣するの

ではなく、ほかの出資者や議会からの信頼も厚い長浜市の実業家が就任しました。黒壁の場合、行政からの資金援助を受けているにもかかわらず、基本的には「民間資金」を活用する形でまちづくりがなされた点にその特徴が挙げられます。まさに、この1億3千万円こそがまちの個性を残しながら活性化を目指す手法であり、市民の愛着が生んだ投資資金とも言えるでしょう。同社は、この資本金をもとに昔ながらの風景を残しながら空き店舗を次々と整備していき、現在では北国街道沿いの中心市街地に、直営店、共同店、加盟店など約30店舗のグループを展開しています。

　また、長浜市の中心市街地の商店街では、一般に難しいと言われている若者の雇用が一定数実現されており、注目されています。これについては、「黒壁銀行」を中心とした景観などの地域資源を若者も含めた形で継承する組織を組成し、運営していることが大きな要因であると考えられ、地域資源について世代を超えて継承していこうという意識が具体的な活動となって表れている点で、まさに「地域資源」に対する共有意識の世代間継承の象徴とも言える事例です。

　それでは次項では、住民意識を向上させるにはどのような仕組みが必要か見ていきましょう。

4.4.2. 住民の意識向上

　特に、成長都市の時代から成熟都市への移行に伴い、地域における住民や事業者側からの一定の計画なりルールがあることがまず必要とされることは上述した通りです。さらに行政の補助による開発事業、あるいは行政による民間開発に対する規制を中心とした都市づくりから、民間企業、住民を加えた開発の段階から維持管理運営を考える都市づくり、さらには維持管理運営を中心とする新たな仕組みである都市づくりへ移行する必要がある時代に突入しています。

　一方、日本では核家族化が進み、幼少期における多世代での活動が失われつつあります。そのような中、いかにして地域資源を継承するための活動を継承していけばよいのでしょうか。やはりそれは、家族という枠組みにとらわれず、地域の中で多世間の交流を促進する必要があるでしょう。それは、地域のサークル活動やカフェのような交流スペースで生まれることかもしれません。

　住民の意識を向上させるには、現在の都市づくりに必要な維持管理運営を基本とした仕組みに加えて、住民一人ひとりが家族のように多世代で交わる仕組み

が必要となるでしょう。

これまでの説明をもとに、選択肢の中から最も正しいと思われる
ものを選んでください。

・地域の現状を把握する指標の1つとして人口があります。日本国内にお
いて人口減少数（率）が多い（高い）地域ではどのようなことが起こっ
ていると推察できるでしょうか。

    a. 地域に対する愛着が全くないため、その地域を離れる人が多い。

    b. 地域では満足するはたらき場所の確保が難しいため、その地域を
       離れる人が多い。

    c. 食料自給率が低いことによる飢餓の心配により、その地域を離れ
       る人が多い。   （   ）

4.5. まとめ

　本章では、都市デザインや地域デザインマネジメントの基本を、地域の歴史
背景や現代の課題を交えながら見てきました。地域には特有の個性があり、それ
を形づくり世界に向けて発信するのも地域に住む皆さん一人ひとりであることを
理解していただけたかと思います。地域づくりは行政が行うものだと考えず、ま
た都市をデザインすることを難しく考えず、デザイン思考を持って地域に貢献す
る楽しみを肌で感じてみてください。皆さんのアイデアによって皆さんの関わる地
域がいつか世界で知られる日がやってくるかもしれません。

Let's Try

地域づくりの場面で、今後どのようなプロジェクトを考案、実施したいです
か。現在住んでいる地域や出身地を事例にとってやってみたいと思うことを
メモしてください。

....

....

....

<上野美咲>

5 | マーケティング

5.1. はじめに

　この章では、ビジネスの世界に少し目を向けて、マーケティングとグローバル・コミュニケーションに関する諸問題を見ていきます。

5.1.1. マーケティングとは

　「マーケティング」とは何でしょうか。よく耳にする言葉のわりには、意味はよく知らないという人も多いかもしれません。英語で考えると、market という動詞の動名詞形です。動詞の market には、「○○を市場に売り出す」という意味があります。ここから派生して、一般に「マーケティング」とは、「商品やサービスを売るために行う様々な活動」を指していると考えてよいでしょう。市場調査から、ブランディング、商品企画、宣伝・広告・広報、販売促進、セールスなど、ビジネス活動の多くがマーケティングに含まれます。

　例えば、あなたが無類のカレー好きで、こだわりのカレー店をオープンしたいと考えています。どの街に、どんな店を建て、どんな店名で、どんな客層に、どんなメニューを、いくらで出すか。考えるべきことは無数にありそうです。そもそもどうやって店の存在を人に知ってもらうか。そして、ライバル店に勝つにはどうしたらよいか。これらすべてがマーケティングです。いくらカレーの味に自信があっても、それだけでは店を繁盛させることはできません。時代の流れの中で、自分の商売を成立させ、それを維持していくためには、どうしたらよいでしょうか。マーケティングは、ビジネスの最前線で極めて重要な役割を担い、経営学という学問の中でも、1つの柱として世界中で研究、教育が行われています。

5.1.2. マーケティングの 4P と 4C

　マーケティングを構成する主な要素として、よく 4P が挙げられます。すなわち、どのような商品・サービス (product) を、どのような価格設定 (price) で、どのような流通経路 (place) で、どのような販売促進策 (promotion) を通じて

消費者に届けるか。この4つの要素の頭文字をとって、4Pと言い、その組み合わせをマーケティング・ミックスと言います。

この4Pは企業の視点から見たマーケティングの要素ですが、これをより顧客の視点に立って考えると、商品は顧客にとっての課題解決（customer solution）、価格は顧客が払う費用（cost）、流通経路は顧客にとっての利便性（convenience）、そして、販売促進は顧客とのコミュニケーション（communication）と言うことができます。これらは、その頭文字をとって、4Cと言われます。

図1. マーケティング・ミックスの4Pと4C

ここで、お気付きの通り、4Cの中には、コミュニケーションがあります。マーケティングにおいて、コミュニケーションは、きわめて重要な役割を担っています。そもそもノンバーバル・コミュニケーションを含む広義のコミュニケーションとしては、4Pのすべてにコミュニケーションが絡んでいます（例えば、商品の存在自体に企業からメッセージが発信されているし、設定された価格からも消費者は何らかのメッセージを受け取っている、というような考え方）。狭義においては、4Pの中の販売促進（Promotion）において、企業は様々なコミュニケーション活動を行っています。それらを少し見ていきましょう。

5.2. マーケティングにおけるコミュニケーション

企業が消費者との間に行っているコミュニケーションと言えば、どのようなものを思いつきますか。情報が氾濫し、競争が熾烈化する中で、企業のコミュニケーション活動も複雑で、変化が激しいものになってきています。重要な点をいくつか取り上げて見てみましょう。

5.2.1. 広告

　企業が消費者向けに発信する情報として、まず思いつくのは、広告ではないでしょうか。日常生活の中で、企業や商品の広告を目にしない日はありません。新聞、雑誌、テレビ、ラジオなどのマスメディアはもちろんのこと、道路沿いのビルボード広告、路線バスの車体、甲子園球場のバックスクリーンなど、広告のある場所を挙げていくときりがありません。家に帰ると郵便受けには毎日様々なチラシやダイレクト・メールが入っています。そしてパソコンや携帯電話でインターネットにつながれば、必ず何らかの広告を目にします。インターネット広告の比重は年々増しており、日本の総広告費に占めるインターネット広告費の割合は2016年には20%を超えています。テレビにこそ及びませんが、新聞、雑誌、ラジオの既存メディアでの広告費をすでに上回っています（図2参照）。

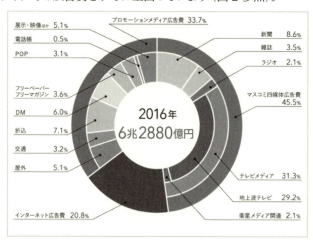

図2. 2016年、日本の広告費の媒体別構成比

出典：北原，2017

5.2.2. プロダクト・プレイスメント

　あらゆるところに広告が溢れる時代ですが、消費者は一方的に見せられる広告を必ずしも歓迎してはいません。例えば、録画したテレビ番組ではCMをスキップする人も多いでしょう。デジタル録画だとそれも簡単なことです。そこで企業もあの手この手で消費者の目に、耳に触れたいと、試行錯誤を続けています。プロダクト・プレイスメントは、その手法の1つです。広告として広告するのではな

く、消費者が何気なく目にする景色の中に、商品を自然に入り込ませる手法です。例えば、テレビでスター・オーディション番組を見ている時、審査員の手元にコーラのロゴ入りカップが置いてあったら、それです。映画でも、特定の企業の商品がさりげなく、あるいは、印象的に使われていることが多くあります。プロダクト・プレイスメントが消費行動を促したり、企業イメージに影響を与えたりすることは、多くの調査で示されています。今まで何気なく見ていた映画も、意識して見てみると、かなりの数のプロダクト・プレイスメントが潜んでいることに気づき、驚くかもしれません。

5.2.3. パブリック・リレーションズ（PR）と広報

　企業や商品を直接的に売り込む広告とは別に、企業は様々な形で、消費者や社会とのつながりを管理しています。その側面の企業活動を総称してパブリック・リレーションズ（PR）と言います（日本では「アピール」や「プロモーション」と同じような意味で「PR」ということがありますが、それとは異なります）。PRの1つ、広報活動（パブリシティ）は、プレス・リリースや記者会見を通じて、情報価値のあるものとして、企業活動や商品の情報を提供し、無料でメディアに取り上げてもらうことです。例えば、新製品の発売が消費者の生活を劇的に変えるようなものであれば、ニュースとしての価値があり、新聞やテレビが本編で取り上げてくれる可能性があります。有料でマスメディアのスペースを買い取って行う広告と比べて、小さなコストで大きな効果を得る可能性があります。そのため、企業のPR担当や広告代理店は、ポジティブでインパクトのある話題づくりを試みています。

　ただ、プレス・リリースや記者会見で発信した情報は、広告と違い、必ずメディアが取り上げてくれるという確証はなく、またどのように取り上げるかも、メディア任せになります。また、ポジティブな話題の提供だけがPRではありません。何らかのトラブルが明らかになった時、その対応が遅かったり、不十分だったりすると、企業イメージが悪化し、場合によっては経営を揺るがしかねません。逆に対応が迅速で適切であると、傷が浅く済むだけでなく、イメージを向上させるチャンスにもなり得るため、問題への対応や危機管理もPRの重要な側面です。

5

新聞広告を出す場合、通常、そのサイズなどに応じた広告料を支払う必要があります。広告料を払うことなく、自社の情報を新聞に載せる方法はありますか。ある場合、どのような方法ですか。

5.2.4. CSR コミュニケーション

　1990 年代後半から、「企業倫理」や「企業の社会的責任 (CSR, corporate social responsibility)」という概念が世界的に浸透し始めます。この背景には、粉飾決算などの不祥事、環境破壊、格差拡大などに絡む問題が頻発し、行き過ぎた市場競争の中で、様々な歪みが見えてきたということがあります。利益を出すためなら何を犠牲にしてもよい、と突き進んできた時代の反動とも言えます。この頃、日本でもコンプライアンス (compliance、法令順守) や、サステイナビリティ (sustainability、持続可能性)、説明責任 (accountability) といった言葉を使う企業が増えました。企業は利益を追求するだけでなく、社会に与える影響に責任を持ち、適切な意思決定をすべきである、という CSR の考え方には、様々な側面があり、地域社会への貢献や、従業員の生活の向上なども含まれます。

　今ではほとんどの企業が、決算報告 (アニュアル・レポート) とは別に、CSR レポートを発行し、どのように社会的責任を果たしているかを報告するようになっています。この報告の対象は、投資家を含めたすべての利害関係者であり、消費者だけを対象としたものではありませんが、企業が CSR を重視しているというイメージを強く社会に訴えることは、結果的に当該企業のブランド力を高めることから、マーケティングとしても重要なコミュニケーションであるという見方ができます。CSR コミュニケーションの成功例は数多くありますが、Patagonia (アメリカのアウトドア用品メーカー) の積極的な環境保護活動などは有名で、その信念に賛同する顧客を世界中に生み出しています。

　また、本業と関係のない寄付など、イメージ戦略に過ぎない社会貢献ではなく、本業での利益追求と、社会の便益向上が同じ方向を向くように、共有価値を創造すべきという考え方、CSV (creating shared value) も提唱されています。

5.3. インターネット時代のマーケティング

　デジタル技術の発達とインターネットの普及は、マーケティングのあり方を急速に変化させています。

5.3.1. E コマース

　1990 年代後半、E コマース（electronic commerce、電子商取引）という言葉とともに、アメリカを中心に世界的にインターネット商取引の波が来ました。一時は「すべてのビジネスがネット上で行われるようになる」とまで言われ、ネット関連企業への投資が加速し、伝統的なビジネスに脅威を与えました。米 Amazon を筆頭にネット小売業者が急成長するとともに、各メーカーは自社のウェブサイトでの直接販売を模索したため、従来の卸売、小売との関係が揺らぎます。このブームは後に「ドットコムバブル」（dot-com bubble）と言われ、2000 年に入りネット関連株の急落をもって崩壊します。一時的なバブルと、その崩壊を経由しつつも、大きなうねりとしてビジネスが世界的にインターネット時代に入り、劇的な変化が続いていることは間違いありません。経済産業省によると、2015 年の消費者向け（B to C）の E コマース市場規模は 13.8 兆円で、E コマース化率（商取引全体に占める E コマースの割合）は 4.75%、また、企業間（B to B）では 203 兆円（E コマース化率 19.2%）で、いずれも着実な増加を続けています。

　なお、E コマースは、インターネットでの通信販売が主な形ですが、音楽や映像、書籍などのコンテンツに関しては、デジタル形式でのストリーミングやダウンロード販売も可能になり、月額契約での販売が増えるなど、ビジネスのあり方が変化し続けています。コンテンツに関しては、物理的な距離に関係なく、瞬時に必要なものが入手できる方向へと変わりつつあります。また、銀行や証券などの金融ビジネスでもインターネット取引の拡大によって顧客との接点が大きく変わってきています。

5.3.2. 検索エンジン・マーケティング

　ここで、あなたがおいしいラーメンを食べたくなったと想像してください。スマートフォンに向かって、「近所のラーメン屋」と言うと、候補がリストされま

す。あなたは、いくつか店の情報を見て、場所、メニュー、ユーザー・レビューを確認し、行く店を1つ選ぶでしょう。店側からすると、この場面で、検索結果にリストされ、かつ、そのリストの中から選ばれる店にならなければなりません。そのために、店は何をしたらよいでしょうか。あるキーワードで検索された時、検索結果の上位に上がるように対策することをSEO（search engine optimization、検索エンジン最適化）と言い、検索エンジン・マーケティング（SEM, search engine marketing）の一部として、重要度が高まっています。

検索サービス最大手の米Googleでは、ユーザーがキーワードを入力して行った検索の結果と、それに関連して表示される広告の区別を明確にしています。検索結果は、ユーザーにとって情報の有用性が高い（と判断される）順に表示され、広告は、検索結果とは別枠で（広告とはっきりわかる形で）広告主が支払う広告代が高い順に表示されます。私たちが何か情報を得たい時、検索結果が広告ばかりだと、その検索エンジンは使わなくなるかもしれません。一方で検索サービス・ビジネスの主な収入源は、広告ですから、今後も、より有用性・客観性の高い検索情報と、お金で買われて表示される広告との微妙なバランスのせめぎ合い、画面上のスペースの奪い合いは続いていくでしょう。

5.3.3. ソーシャル・メディア・マーケティング

2000年代の後半頃から、個人が情報を発信するブログ（weblog, blog）が普及し始め、2010年代に入ってtwitterやInstagramなどのソーシャル・ネットワーク・サービス（SNS, social network services）の普及が加速したことで、個人がインターネット上で気軽に情報を発信できるようになりました。これによって、企業のマーケティングは、従来の一方通行のプロモーション活動だけでなく、より消費者を巻き込んだ形のマーケティング・コミュニケーションを重視するようになっています。SNS上で商品や店が取り上げられると、その拡散効果も加わって、集客に大きく影響します。フォロワーが一定数を超え、市場に強い影響力を持つ個人は、インフルエンサーと呼ばれ、企業からもマーケティング・チャネルの1つとして注目されています。

クチコミ（WOM, word of mouth）は、従来なら文字通り、人と人とが口伝えで情報を伝えたものですが、今や、インターネット上で互いに知らない者同士が、画像付きでクチコミ情報を瞬時にやりとりしています。また、消費者のクチコ

ミやレビューは、企業の広告と違い、原則として、企業と利害関係のない者の意見であり、肯定的なものに偏らないという点で、信頼されやすい傾向があります。それを悪用するケースとして、企業が、利害関係のない消費者（いわゆるサクラ）になりすまして、あるいは人を雇って、肯定的な書き込みを行うというステマ（ステルス・マーケティング、stealth marketing）が問題視されています。インフルエンサーと企業が裏でつながりながらも、その関係性を明かさずに情報発信をすることも、同じく問題視されています。受信側には高いメディア・リテラシー（適切に読み取る力）が求められ、発信側には高い倫理観が求められます。

　このように、SNS の普及で、企業発信でなく、消費者発信で情報がやりとりされるようになりました。消費者発信の情報は、企業では直接コントロールできないものであり、うまく機能すれば強力な追い風になりますが、当然ながら否定的な情報が拡散するリスクもあります。SNS に対して企業がどう向き合っていくかは、マーケティング・コミュニケーションの重要な課題となっています。

5.4. マーケティングのグローバル化

　経済のグローバル化が進む中で、必然的にマーケティング・コミュニケーションにもグローバルな視点が必要になっています。「グローバル化」と言う時、それは、特定の国に輸出する、海外現地法人を置く、社内公用語を英語にする、といった個別の事項も含まれますが、それ以上に重要なことは、「ビジネスを地球規模で捉えて何をすべきかを考える」ということです。極端に言うと、グローバルな視点を持ちつつ、国内市場に重点を置く（海外進出しない）、という戦略もあり得ます。また、大企業のみの話ではなく、中小企業や個人事業にも関係しています。「地球規模の視点」を持つかどうかがカギです。

5.4.1. ブランディングとグローバル・ブランド

　マーケティングの戦略の 1 つとして、ブランディングがあります。ブランディングとは、企業や商品を「ブランド」として特定のイメージとともに消費者に認知、記憶させることによって、その価値を高める戦略です。皆さんが、世界的なブランドとして、思いつくものには何があるでしょうか。スターバックスは、洗練された空間でエスプレッソ飲料を提供するカフェ・チェーンとして、比較的短期間（海

外進出は 1996 年) で世界規模の認知を得た、グローバル・ブランドの代表格です。

表1. ベスト・グローバル・ブランド・ランキング 2017 （10 位まで）

順位	ブランド	分野	前年比	ブランド価値
01	アップル	Technology	+3%	184,154
02	グーグル	Technology	+6%	141,703
03	マイクロソフト	Technology	+10%	79,999
04	コカコーラ	Beverages	-5%	69,733
05	アマゾン	Retail	+29%	64,796
06	サムスン	Technology	+9%	56,249
07	トヨタ	Automotive	-6%	50,291
08	フェイスブック	Technology	+48%	48,188
09	メルセデス・ベンツ	Automotive	+10%	47,829
10	アイビーエム	Business Services	-11%	46,829

出典：Interbrand を元に作成

※ブランド価値 (brand value) は、財務力、ブランドが購買意思決定に与える影響力、ブランドによる将来収益の確かさという観点から Interbrand が評価して数値化したもの。表中の単位は百万米ドル。

　グローバル・ブランドの印象的な動きとしては、パナソニックの例があります。2008 年 10 月 1 日、日本を代表するメーカーの 1 つ松下電器産業は、社名を「パナソニック (Panasonic)」に変更し、ブランド名も統一しました。日本では「経営の神様」とも言われる、創業者松下幸之助の名を外し、長年国内で慣れ親しまれていた「ナショナル」というブランド名もなくしました。これは当時メディアでも衝撃をもって伝えられましたが、企業のグローバル戦略の象徴と言えます。すでに海外で一定の存在感を持っていた松下電器のその思い切った決断の背景には、グローバルな視点に基づく戦略で、世界の市場で競争し、社会に貢献していくという強い意志がありました。

5.4.2. 標準化と適応化

　さて、グローバル企業は、世界中で同じイメージを持たれ、同じ商品を提供しているでしょうか。世界各国で1つのブランドのもと、同じ商品を提供しようとする方向性を「標準化」と言い、逆に、各国の事情に合わせて、ブランドを変え、商品を変えて、その地域にあった価値を提供しようとする方向性を「適応化」と言います。標準化にも適応化にもそれぞれメリットとデメリットがありますので、どちらが正しいという答えはありません。コスト面、法律面、ブランドの認知度、市場の性質など、様々な切り口で分析が必要です。「Think global(ly), act local(ly)」という言い回しがあります（また、global と local を合わせた「glocal」という造語もあります）。グローバルな視点を持ちつつも、実際の戦略は現地に合わせて個別に行うべき、という意味で解釈できます。実際には、そのような戦略を立てる企業が多いと言えます。

　身近な例を挙げると、McDonald's のキャラクターである、あのピエロの名前。日本で聞くと、ほとんどの人が「ドナルド」と答えます。ドナルドで正解なのですが、実は日本以外の国々では、Ronald です（Ronald McDonald）。McDonald's が日本進出した時、「ロナルド」が言いにくいだろう、という理由で、あっさりとドナルドとなったそうです。これは適応化の小さな一例です。実は、社名のような、企業の顔の部分ですら、進出する国の文化や言語に合わせて、微調整するケースはよくあります。どうしたら現地の人に受け入れられやすいかが重視されるわけです。日本を代表する怪獣ゴジラが海外進出の際に「Gojira」ではなく、より勇ましく神々しい「Godzilla」（つづりに God や、力強い印象を与える z を含むなど）となったのも、グローバルな視点が生かされた一例です。

　消費者の立場にとって考えると、どうでしょう。例えば、慣れない海外出張で、知らない街を歩いていて、読めない看板ばかり並ぶ中に、ふと、見慣れたMcDonald's の M（Golden Arches と呼ばれます）を見つけたとしたら、ほっとするかもしれません。味もよく知るビッグマックとポテトが頭に浮かぶかもしれません。どこに行っても同じ物・サービスが受けられるという安心感は、グローバル・ブランドの力です。一方で、海外のどこに行っても欧米のチェーン（とその商品、システム、価値観など）が進出していることには批判もあります。それは、資本力のある先進国の企業が、現地のビジネス、生活、文化を奪ってしまっているというような批判です。また、アメリカの社会学者リッツァ（George Ritzer）

は、McDonald's のようなファーストフード・チェーンの合理的なシステムがあらゆる場所に浸透することを「マクドナルド化」（McDonaldization）と呼んで、問題提起しています。

5.4.3. フェアトレードとマーケティング

　グローバルな視点がマーケティングに影響する一例として、フェアトレードがあります。フェアトレードは、発展途上国の生産者から適正な価格で製品を購入することにより、生産者の生活向上や経済的自立を目指す仕組みです。この背景には、先進国が、「グローバル化」の名のもとに、弱い立場の途上国生産者から搾取してきたという現状があります。不当な低賃金労働、児童労働、乱開発による環境破壊などが問題視され、現状を伝える書籍やドキュメンタリー映画などによって、徐々に一般に知られるようになってきました。このような問題への意識は、反グローバリズムと呼ばれる主張・運動にもつながっています。

　フェアトレードのラベルが貼られたチョコレートやコーヒー、アクセサリーなどを見たことはあるでしょうか。フェアトレードの認証機関が、一定の基準を満たした製品に対して、「国際フェアトレード認証」を与えます。消費者個人が、取引の適正さを確認するこ

国際フェアトレード認証ラベル

とは不可能なため、認証ラベルを目印にして、自分の消費行動が途上国に貢献することを確認するというシステムです。少しでも貢献できるという満足感が、消費者にとっての付加価値となりますので、通常商品より価格が高くても買おうという動機になります。この意味で、フェアトレード認証は、マーケティング・ツールの役割を果たしていると言えます（ソーシャル・プロダクト・マーケティングと言われることもあります）。ただ、フェアトレード製品の購入が、実際にどのくらい途上国の生活向上に結び付いているか、という点においては、情報がほとんど消費者まで伝わっておらず、情報のさらなる開示と、消費者への関心喚起は、まだまだ今後の課題と言えます。

Activity 2

フェアトレードの認証ラベルがついたチョコレートを購入することは、何に（誰に）貢献していることになりますか。

5.4.4. グローバル・マーケティングと文化・価値観

　ターゲット市場への適応化を考える上で、現地の文化や習慣、価値観を知り、それにどう対応するかは重要な点です。例えば、日本ではお風呂に入る習慣が根付いていますが、バスタブで入浴する習慣のない国は世界にはたくさんあります。入浴する文化のない国で、入浴剤を売ろうとしても、ふつうならば売れないでしょう。入浴剤を売らない、という判断が正しいかもしれません。しかし、バスタブにお湯を張って入浴をすると、リフレッシュできて、心身の健康によいというメッセージとともに、入浴文化ごとマーケティングするのであれば、話は別です。もしもその文化に、現地の人たちが興味を持ったとすれば、そこには大きなビジネスチャンスが開けることになります（競合する他社がいないというメリットもあります）。その判断は、グローバル・マーケティングの醍醐味と言えます。

　ミロは、グローバル企業の Nestle（スイス拠点）が製造するココア味の麦芽飲料で、子供の成長を支える飲料として世界で販売されていますが、ミロが世界で最も売れている国はマレーシアです。そんなマレーシアでは、学業でよい成績をとることが社会的な成功につながるという考えが強くなり、スポーツに時間を割くよりも、勉強すべきと考える親が多くなっていました。その傾向を認識しても、なお、ミロは、スポーツを通じて健やかな成長を支える、という従来からのメッセージを変えず、むしろ、そんな時だからこそと、より強くスポーツを推進するキャンペーンを実施しました。スローガンに「Play more, learn more.」や「Learning Life's lessons through sports」を掲げ、感情に訴えかける印象的なテレビ CM を流し、スポーツイベントの開催も行いました。これにより、子供にスポーツをさせたいと思う親の数が増加、実際のスポーツ実施時間も増加、スポーツが必須科目として検討されるようになるなど、社会的な変化をもたらしました。販売目的だけのコミュニケーションではなく、信念を持って、社会を啓蒙するコミュニケーションを行い、実際に成果を出している例です。

5.5. まとめ

　この章では、マーケティングとは何かを確認した上で、マーケティングとコミュニケーション、そしてグローバル・コミュニケーションを概観しました。子供のころ、貯めた小遣いで何を買おうか考えるところから、消費者（買い手）としての

5

体験は始まりますが、売り手としての体験は社会に出るまで、なかなかありません。ただ、就職活動では、労働市場という市場に、自分自身をマーケティングすることになりますから、マーケティングの理念を学んでおくと、少し参考になるかもしれません。ちなみに、マーケティングを学ぶには、アメリカの経営学者、フィリップ・コトラーの書籍が包括的でわかりやすく、人気があります。興味を持った人は、翻訳本や解説本も書店に並んでいますので、手に取ってみてはいかがでしょうか。

　音楽や絵画は世界中の人々が理解し共感できるグローバル・コミュニケーションの記号体系です。数学の概念やプログラミング言語も言語による説明がほとんどなくても世界中の人々が同じように理解でき、やはりこれもグローバル・コミュニケーションの記号体系と言えます。ビジネスの世界ではどうしても言語によるコミュニケーションが必要です。しかし「どのようにビジネスを展開するのか」、あるいは「自社製品をどのようにターゲットとする見込み顧客に知ってもらうのか」を考える時、常にマーケティングの考え方が必要になります。その意味で、マーケティングはグローバル・ビジネスを展開するために必要な一種のルール体系であり、さらに広く解釈すればマーケティングもグローバル・コミュニケーションの記号体系の一種であると言えるでしょう。

　マーケティングの要点を1つ挙げて、単純化すると、「市場が何を求めているのか（ニーズ）を知り、それにどう応えるか」という点になるでしょう。そして、これはよく考えてみると、コミュニケーションを成功させるコツとほぼ同じです。つまり、「相手が何を求めているのかにしっかりと耳を傾け、それにどう応えるか」ということです。コミュニケーションが上手な人は、優秀なマーケターとしての素地があると言えるかもしれません。これにグローバルな視点でものを見る目と、異なる言語、文化への強い関心が加われば、市場価値の高い人材としていろいろな分野で必要とされるでしょう。

あなたは小さなカレー店の経営をしているとします。店はそこそこ地元で繁盛してきました。今後この事業をさらに充実、発展させる上で、「グローバルな視点を取り入れる」とすると、具体的にどのようなことをすればよいでしょうか。正解は1つではないので、柔軟な発想でアイデアを出してみましょう。

....
....
....
....
....
....
....
....
....
....

<桐村亮>

6 | メタ認知

6.1. はじめに

　この章では、グローバル社会におけるホスピタリティビジネスをメタ認知的視点から考えていきます。ホスピタリティは日本語にすると「親切にもてなすこと」、いわゆる「おもてなし」ですが、新川 (2006) は「わかりやすく言えば、お客様がしてほしいと思っていることを事前に察知し、して差し上げること」と述べています。けれど、「人が喜ぶおもてなしの方法は、民族や文化、そして個人によって変わってくる (林田, 2006)」ので、実践するとなるとなかなか大変そうです。ANA グループでは、ホスピタリティを「接客＝お客様をもてなす」ではなく「接遇＝日々出会うすべての方に対して、もてなしの心を持って接すること」と捉え、「日々出会うすべての方」にはお客様だけでなく、一緒に仕事をする仲間も含まれると考えます (日本生産性本部, 2012)。お客様や仕事仲間など様々な立場に立って考えるには、自分の視点からだけでなく、物事を俯瞰的に (より高い次元から) 見たり考えたりする必要がありますし、その手助けとなる知識も必要ですね。心理学では、このように自分の知識や行動を考える (認知する) ことについて俯瞰的に考えることをメタ認知と言いますが (三宮, 2008)、この章では、グローバル社会で必要となるホスピタリティに関する知識と、その実践がうまくいかなかったり失敗してしまったりする要因をメタ認知的視点から述べていきます。

6.1.1. グローバル化への対応

　日本政府観光局によると、訪日外国人数は 2002 年から 2012 年の 10 年間は約 5 百万人から約 8 百万人の間で推移していましたが、2013 年に初めて 1 千万人を超え、2016 年には約 2 千 4 百万人と急激に増加をしています。かつては訪日外国人数より出国日本人数の方が圧倒的に多かったのですが、出国日本人数は過去 20 年間ほぼ横ばいを続けた結果、2015 年には訪日外国人数が出国日本人数を初めて上回る結果となりました。

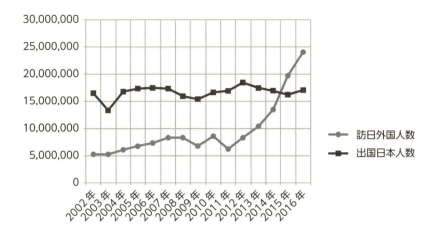

図1. 訪日外国人数・出国日本人数の推移

　数字だけを見ているとあまりピンときませんが、訪日外国人数の２千４百万人というのは、オーストラリアの人口とほぼ同じですし、出国日本人数の１千７百万人はオランダの人口とほぼ同じです。一国の人口と同じくらいの人数の人々が外国から日本を訪れたり、日本を離れて外国を訪れたりしている現状はまさに「グローバル化している」と言ってよいでしょう。

　グローバル社会で、相手がしてほしいと思っていることを事前に察知し、行動するには、それに対応するための知識が必要です。ですから、次にホスピタリティに必要なメタ認知的知識について述べていきます。

以下から本文の内容に合うものを１つ選んでください。

1. 訪日外国人数は 2002 年に比べて 2016 年は＿＿＿＿＿＿＿＿＿＿
　となっている。
　　（1）ほぼ横ばい　　　（2）約２倍　　　（3）約３倍
　　（4）約４倍　　　　　（5）約５倍
2. 出国日本人数は 2002 年に比べて 2016 年は＿＿＿＿＿＿＿＿＿と
　なっている。
　　（1）ほぼ横ばい　　　（2）約２倍　　　（3）約３倍
　　（4）約４倍　　　　　（5）約５倍

Activity 1

6

6.2. ホスピタリティに必要なメタ認知的知識

　グローバル社会でホスピタリティを実践する際には、どんな知識が必要となってくるのでしょうか？　私たちが俯瞰的に物事を見る時に、様々な種類の知識を参照していますが、Flavell (1987) はこれらの知識を「メタ認知的知識」として

　　①人間（自分や他者、人間一般）の認知特性についての知識
　　②課題についての知識
　　③方略についての知識

のように分類しています (三宮, 2008)。次に、これらをグローバル社会でのホスピタリティ分野に必要なメタ認知的知識として考えてみましょう。

6.2.1. 人間の認知特性：自分のこと、他者のこと、人間一般のこと

　ホスピタリティの実践には「相手の立場に立って考える」ことが大切ですが、その第一歩は自分のことを理解することです。例えば、「私は人あたりはよいが自分の要求を伝えるのは苦手だ」など、自分の特性をよく認識し「私はこうだけれども、ほかの人は違うかもしれない」という視点を持つことがとても重要です。

　他者の認知特性についての知識は、個人間の比較に基づく、認知的な傾向・特性についての知識 (三宮, 2008) を指します。例えば、「A さんは B さんより理解が早くせっかちである」などです。A さんのようなお客様に、何かについて何度もゆっくり丁寧に説明することは、時と場合によりますが、お客様目線での対応とは言えません。また、ホスピタリティの実践場面では、個人としてだけでなく、組織やチームとして他者（同僚、上司、部下）と業務にあたることも多いでしょう。その時に、他者の認知特性を理解することはスムーズなコミュニケーションや業務遂行に必要不可欠です。あなたが、もし「はっきり物事を言わないことは相手を尊重することだ」と考えるタイプの人だとしたら、同僚や上司、または部下からはっきりと意見を言われたら、「自分は尊重されていない」と感じるかもしれません。けれど「この人は、強く自己主張をするが、相手を軽んじているわけではない」という知識があれば、あなたの感じ方も変わり、無用に傷ついたり落ち込んだりしなくなるかもしれません。ですから、自己と他者の認知特性に関する知識を持つことは大変重要なのです。

　次に人間一般についての認知特性についてですが、これは人間の認知につい

ての一般的な知識のことです（三宮, 2008）が、この「一般的な」という表現には注意が必要です。なぜなら、あなたが「一般的」だと思っている様々な事柄にはいろいろなフィルターがかかっているからです。グローバル化により、一昔前までは遭遇することがなかった、異なる「一般的な考え方・物の見方」が接遇場面や職場でぶつかることも要因の1つです。では、どのようなフィルターが考えられるのでしょうか。

6.2.2.「一般的な考え方」の違い：高文脈文化と低文脈文化

　　Hall（1976）は、日本のコミュニケーションに代表される、文脈からメッセージの意味や意図をくみ取り「空気を読んで」コミュニケーションを行う文化のことを、高文脈文化（high-context cultures）、反対にドイツやアメリカなど欧米のコミュニケーションは、低文脈文化（low-context cultures）のコミュニケーションと位置付けています。低文脈文化では、メッセージは言葉にして伝えることが前提となっているというのが基本的なスタンスです。一方、高文脈文化では「言わなくても伝わるよね」という前提でコミュニケーションをするので、低文脈文化の人たちから日本人は「Yes か No か、はっきり言わない」「何を考えているのかわからない」「何を言いたいのかわからない」といった批判を受けることがあります。

　　実際に、日本に来たばかりのアメリカ人の英語教師から「生徒に質問をしても、沈黙で返される。質問の答えがわからないのか、質問が理解できていないのか、質問に答えたくないのか、全く理解できない。私のことが嫌いでコミュニケーションをとりたくないのだろうか」と相談を受けたことがあります。一般に欧米の文化では相手の質問に対して黙っていると

　　（1）質問を聞いていない
　　（2）質問を理解していない
　　（3）質問に答えたくない
　　（4）質問を無視している
　　（5）怒っている、あるいは返答を拒否している

上記のように解釈されると言います（三宮, 2017）。私たちが質問に対して黙っている理由は「間違った答えを言って恥をかきたくない、自信がない、目立ちたくない」など、様々ですが、欧米の文化では、「沈黙」はずいぶんとネガティブな

印象を相手に与えてしまうので注意が必要です。また、「質問の答えを考えている時」でも、それが相手に伝わっていないケースが多々あります。私たちは、そういった場合に言葉で「今考え中です」と言うことはあまりなく、少し首をかしげたり「考えていますよ」という表情を出したりして沈黙していると思うのですが、問題は、日本人に代表される高文脈文化に慣れた人の出す「微妙な表情」や「ささやかなジェスチャー」は低文脈文化の人たちには伝わっておらず、ただ黙っている「失礼な人」と思われてしまうのです。ですから、英語であれば "Well, let me think." など、言葉に出して「今、質問の答えを考えている」というメッセージを伝えることが重要です。

　グローバルなビジネスの場では、こういった「一般的な考え方や捉え方」には違いがあるという知識を持って業務に取り組む必要があります。どちらが正しいとかではなく、違いを知りその場に応じたベストな対応をとることが大切です。

　ANAでは、海外ベースの乗務員の増加に伴い多様性を受け入れ、それをANAの「強み」にしています。低文脈文化の「はっきり言葉にする」コミュニケーションは、「勘違い」といったミスを減らし、企業内の風通しを向上させ、よりよいサービスの提供につながるでしょう。高文脈文化の「空気を読む」コミュニケーションは、より相手の立場に立ったきめ細かなサービスが可能になります。双方の長所を伸ばし短所をカバーし多様性や文化の違いを受容することで、ホスピタリティの質を向上させているよい例ではないでしょうか。

　これらの「一般的な考え方」をもとに課題に取り組む際、「課題に対する知識」と「方略についての知識」が活用されます。例えば、保安上の理由で日本人のお客様に荷物を移動していただく必要がある時には、「荷物を移動させるのが最優先だが日本人の乗客には、あまりストレートな口調で言うと礼を欠いていると思われる」という課題に対する知識をもとに「申しわけございませんが、など一言添えてお願いをする」という方略についての知識をはたらかせて対応することで、スムーズなコミュニケーションが実現します。

6.2.3. 課題についての知識と方略についての知識：国際プロトコール

　グローバル社会でコミュニケーションを円滑に行うには、国際プロトコールの知識も重要です。プロトコールは元来ヨーロッパを起源とする国際儀礼のことですが、ビジネスの視点で捉え直すと「国を超えてビジネス展開するビジネスパー

ソンのビジネス人間関係構築上のルールや作法」と言い換えられます（山中,
2014）。例えば、「握手」1つ取っても、国際プロトコールに沿った握手について
知識を持っている人は、日本には意外と少ないと思います。

以下の握手に関するプロトコールについて正しいと思うものには
〇、そうでないと思うものには×をつけてください。

Activity 2

（1）握手をする時には、同時にお辞儀をするべきだ。　（　　　）
（2）握手をしながらアイコンタクトをとるのは失礼だ。　（　　　）
（3）相手が自分より地位の高い人との挨拶では、自分から握手を求める
　　　べきだ。　（　　　）
（4）握手をする時は、相手の手は弱く握るべきだ。　（　　　）

　皆さんの答えは、どうなりましたか。実は、上記の4点はすべて国際プロトコー
ル上、好ましくないとされているのです。つまり、答えはすべてが×ということです。
まず、（1）と（2）ですが、握手は姿勢よく、相手とアイコンタクトを取りながら、
にこやかに行うことがよいとされています。（3）に関しては、積極的に友好的な
態度を取ろうとして、やってしまいがちな典型的な間違いです。また、イスラム教
の習慣では原則男性と女性は握手をしないので、注意が必要です。（4）は相手
のことが嫌いであるとか、やる気がないといった印象を与えます。

　ほかにも、座席の作成や国旗の並べ方には「右側上席：内側から見て右側が
上位（向かって左側が上位）」というルールや、「上位の人は一番遅く到着し、一
番早く退出」という知識も、把握しておかないと課題（業務）の遂行に支障をき
たすことになります。

　国際プロトコールはヨーロッパが起源ですが、グローバル化により、様々な国、
宗教、文化に基づく習慣も含まれています。例えば、イスラム圏では左手は不浄
とされているので、左手で食事を出したり、左手で物を受け渡したりすることは
タブーです。

　このような課題に対する知識があればこそ、どうやったらスムーズに効率よ
く課題が遂行できるかという「方略についての知識」が生きてきます。例えば、
パーティーが終了した際に上位の人が一番早く退出できるよう配車の準備をする
という方略は、「上位の人が一番早く退出」というルールを知っているから対策
を講じることができるのです。

6.3. ホスピタリティに必要なメタ認知的活動

　グローバル化に直面したホスピタリティビジネスでは、スムーズなコミュニケーション活動のために実に様々な知識が必要であることが、ご理解いただけましたか。けれども、知識だけでは不十分なのです。ここからは、これらの知識をどうしたらうまく活用できるのか、また、ありがちな落とし穴についてお伝えします。

6.3.1. メタ認知的活動の分類

　6.2.ではメタ認知的知識について述べましたが、ここでは私たちがどうやってその知識を使ってメタ認知的活動をしているかを話しましょう。私たちは課題を遂行する際に情報を得て（モニタリング）、その情報をもとに必要に応じて修正します（コントロール）。メタ認知的活動を時間軸に沿って分類すると「計画→モニタリング→評価」のようになり、これらをわかりやすく1つにまとめたものが、図2となります（三宮, 2008）。メタ認知をはたらかせて物事に取り組むのは、「自分」を一段高いところから見て、その情報をもとに「自分」にアドバイスや指示をだしてくれる自分専属のコーチがいるようなものです。けれども、せっかくのメタ認知的知識をメタ認知的活動に生かせないケースがありますので、ここからは、メタ認知的活動がうまくはたらかない要因について述べていきます。

図2. 課題遂行の各段階におけるメタ認知的活動　（三宮, 2008 より転載）

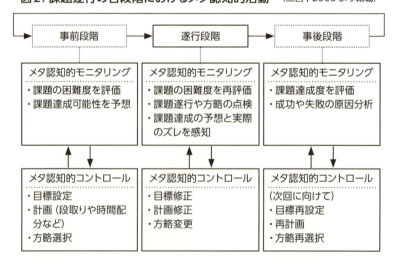

6.3.2. メタ認知的活動がうまくはたらかない要因 1：思ったより難しい！

　せっかくホスピタリティ・コミュニケーションに必要な知識を持っていても実践できない要因の 1 つは、いざ実践してみると「思ったより難しい」と感じるケースです。例えば、「円滑なコミュニケーションには笑顔が欠かせない」ことはホスピタリティビジネスに関わる人でなくても知っているでしょう。けれど、個人差はありますが、笑顔はその必要性と有効性を知識として持っているだけでは実践できません。では、どうしたらよいのでしょうか。

　ザ・リッツカールトン大阪はじめ名だたるホテルで支配人を歴任した林田正光氏は、ザ・リッツカールトン大阪の開業準備の際、アメリカから来た担当者に「日本人スタッフは笑顔が足りない」と指摘されて以来、鏡の前で笑顔をつくる練習を始め、今でもその習慣を続けているとのこと。このように知識を実践につなげるには、「思ったより難しい」と感じたことをそのままにせず、対策を考え実行することが重要です。図 2 に照らし合わせて考えてみると、まず事前段階で「それほど困難ではない」と予想していた「笑顔」という課題が、遂行段階では「実施できていない」ことから、予想と達成のズレを認識します。事後段階では「失敗の要因を分析」し「次回に向けての方略」として「鏡の前で笑顔をつくる練習をする」ことで課題が遂行できるよう「再計画」するという具合に、メタ認知をはたらかせて対応していたことがうかがえます。

6.3.3. メタ認知的活動がうまくはたらかない要因 2：思い込みによる失敗

　低文脈文化、高文脈文化といった一般的な考え方の違いを踏まえてコミュニケーションをとることは大切ですが、この知識があるがゆえに「相手を見る」というメタ認知的活動のモニタリングを怠ってしまうことがあります。日本人でも思ったことをはっきりと主張する人もいますし、アメリカ人でも空気を読んで気持ちやメッセージを察することを大切にしている人もいるでしょう。ホスピタリティの基本である「相手の立場に立って考える」には、まずは相手の表情や反応を見る（＝モニタリングする）ことが重要です。はっきり主張するにしても、相手の気持ちを考えずに発言すれば、それはどの文化圏でも「ただの失礼な人」です。ですから、自分のメタ認知的知識だけに依存せず、モニタリングを通して対応する（＝コントロールする）というメタ認知的活動もバランスよく行っていく必要があります。

それ以外にも、自分の知識が実は不完全な知識であることに気付かずに失敗するケースがあります。例えば、皆さんがレストランではたらいていたとして、「ベジタリアン」のお客様がいらっしゃったら、どんなお食事を出しますか。

以下のお料理に、ベジタリアンのお客様に出してもよいものには
〇、そうでないものには × をつけてください。

（1）シーザーサラダ　　　　（　　　）
（2）オムレツ　　　　　　　（　　　）
（3）ほうれん草のお浸し　　（　　　）
（4）コーヒーゼリー　　　　（　　　）

Activity 3

皆さんの答えはどうなりましたか。実は、答えはすべて〇であり×なのです。ベジタリアンといっても、様々なタイプのベジタリアンの方がいます。例えば肉や魚は食べないけれど乳製品や卵は取るという人もいれば、肉や乳製品は取らないけれど魚介類は取る人もいます。中にはヴィーガンと呼ばれる、肉、卵、魚介類とそれらの副産物（ラードやゼラチン、鰹節など）も取らない人もいます。シーザーサラダのマヨネーズや粉チーズが大丈夫なケースもダメなケースもあります。ほうれん草のお浸しに鰹節がのっていたら問題となる場合やコーヒーゼリーのゼラチンがダメな場合もあります。食事に関しては、文化や宗教によってもルールが異なります。自分の知識は不十分かもしれないという意識を持っていると、「相手に確かめる」という行動が促されて、思い込みによる失敗を回避することができます。

6.3.4. メタ認知的活動がうまくはたらかない要因 3：キャパオーバー

同時並行で多くのことをしたりすると「いっぱいいっぱい」と感じたり「頭が真っ白」になって、課題の遂行能力が著しく落ちたという経験はありませんか。これは、まさに頭のキャパシティーを超えてしまっている状態です。

この頭のキャパシティーについて、もう少し詳しく説明しましょう。私たちが頭を使う時には「認知資源」が必要だと考えられています。頭を「工場」に例えると、その工場を動かす「電力」のようなものです。ただ、一度に使える「電力＝認知資源」には限りがあり、頭の「工場」のＡという作業で電力を使いすぎる

とＢという作業に使える電力はなくなってしまいます。そもそも、認知とは、見る、読む、聞く、書く、話す、記憶する、思い出す、理解する、考えるなど、頭をはたらかせること全般を指し、認知資源が必要です。メタ認知とは、こうした自分の認知を客観的に捉えることですから、さらに認知資源が必要となるのです（三宮, 2017）。ホスピタリティの実践には、多くの人たちの目線に立って考え行動し、メタ認知をはたらかせて業務にあたることが必須です。また、グローバルな状況では、言語の違いや、文化や習慣の違いも考えて行動するため、認知資源のキャパシティーを考えると非常にハードルの高いことなのです。では、どう対処すればよいでしょうか。

　まずは、認知資源に限りがあることを自覚し自分の様々な認知活動の「省エネ」を実践することです。例えば、前述した「笑顔」も、意識しないとできない時には多くの認知資源が使われますが、毎日笑顔を心がけ習慣化することで、無意識に笑顔で応対できるようになります。この「無意識」にできるということが認知活動の「省エネ」につながるのです。

　まずは、普段からできそうなことを実践していきましょう。皆さんは、人と会った時に自分から笑顔で挨拶ができていますか。「質問はありますか」と聞かれた時に、沈黙ではなく「ありません」や「○○のところをもう一度説明してください」と言葉にして表現できていますか。座っている時、立っている時、歩いている時に、よい姿勢が保てていますか。自分の身近な人（友人や家族）の立場に立って、考え、行動し、感謝の気持ちを伝えることができていますか。慣れないうちは、多くの認知資源が必要ですが、普段から心がけることで、無意識にできるようになり、ホスピタリティの業務にあたる際には、その分の認知資源をほかのことに使うことができます。いわゆる「仕事ができる人」は基本的な業務に必要な認知活動の「省エネ」ができている人とも考えられます。

　また、グローバル社会のホスピタリティ・コミュニケーションで多くの認知資源が使われるものの１つに、言葉の問題があります。「英語（外国語）で仕事をするのは母語の日本語で仕事をするより大変そうだ」ということは、想像できるかと思いますが、実際に、門田（2012）では、第二言語使用時の認知負荷（認知資源が使われる量）について、次のような科学的なデータを示しています。認知負荷が大きいと脳の活性化（脳血流量：血液中の酸化ヘモグロビン量）が増えることをもとに、第二言語（英語）使用時の認知負荷を調べたところ、初級学習者

では少なく、中級学習者では最も多く、上級学習者ではまた少なくなります。また、同じトピックの類似した英文を読んだり聞いたりする練習（3回以上繰り返す）も、血流量を低下させる効果があると述べています。

これらのことには、多くの示唆が含まれています。例えば TOEIC 600 点などの採用基準ギリギリで入社した人は、TOEIC850 点で入社した人に比べ、第二言語に使われる認知資源が多くなりほかの業務に使える認知資源が少なくなってしまう可能性があるのです。ですから、頭がキャパオーバーにならないように、第二言語力を上級者レベルまで引き上げるよう、日々取り組むことが重要です。けれど、もしあなたが中級学習者で1か月後に始まるグローバルビジネス系のインターンシップに参加する場合、1か月で上級学習者になることは難しいでしょう。その場合には、少なくとも業務で使いそうな表現を何度も練習してマスターしておけば、その表現を使う時の認知負荷は軽減されるので、ほかのことに使用できる認知資源が多くなります。

上記のように、私たちが頭を使う際には認知資源が使われます。何事も最初は意識を向けて取り組むことが必要ですが、それを継続することで、「意識しなくても（＝認知資源をあまり使わなくても）できること」が増えていきます。自分の頭のキャパシティーを、ひいては人としてのキャパシティーを大きくするためにも、自分の物事への取り組み方を客観的に見つめ、目的意識を持って日々過ごすことが重要なのです。

6.4. まとめ

グローバル社会で必要となるホスピタリティに関する知識と、その実践がうまくいかない要因をメタ認知的視点からお伝えしました。ホスピタリティの実践には「相手の立場に立って考える」ことが必要ですが、その根底にあるのは「相手を大切に思う気持ち」です。この「相手」とはお客様だけを指すのではなく、皆さんが日々接する人すべてを指しています。そして、「相手を大切に思う気持ち」があれば、一般的な考え方の「違い」を学んだ上で一人ひとりの「違い」にも意識を向け、尊重する気持ちが生まれます。ですが、「気持ち」だけでは、うまくいかない要因もありましたね。

いざ実践しようと思うと、思ったより難しいことや、できているつもりでもでき

ていないこともあります。「きっとこうだ！」と思い込んでしまうことで失敗することもあります。いろいろと頑張ろうとするけれど、「いっぱいいっぱい」になってしまってうまくできなかったりもします。まずは、普段の自分を客観的に見つめて（＝モニタリング）、その上で何にどう取り組むべきか、何をどう改善すべきかを考えて実践する（＝コントロール）ことが必要です。「自分自身の向上心」と、「相手を大切に思う気持ち」を持ち続けることが、ホスピタリティから見たグローバル・コミュニケーションの実践の鍵となるのです。

Let's Try

1. 高文脈文化と低文脈文化について説明し、コミュニケーションを取る際の
   それぞれの注意点を述べましょう。

....
....
....
....
....
....

2. メタ認知的活動がうまくはたらかない原因を認知資源の観点から説明し、
   その対策方法を述べてください。

....
....
....
....
....
....

<表谷純子・三宮真智子>

7 ホスピタリティ

7.1. はじめに

　ホスピタリティというと、皆さんは「エアライン」「ホテル」「テーマパーク」などをイメージすることが多いようです。ホスピタリティはいわゆるサービス業のみに必要なものではなく、私たちの日常生活、身近に存在しています。サービス業において、お客様のみを対象とするのではなく、日々生活していく中で身近な人など自分以外の人のことを考えて行動することそのものがホスピタリティです。

　本章では、将来サービス業につくことを目指している人はもちろん、はじめての人にも理解しやすいように、ホスピタリティとサービスの基礎をお伝えします。

7.2. ホスピタリティとは？

　服部 (2008) によると、ホスピタリティという言葉は、ラテン語のホスペス (hospes) が派生の源になっています。原義は「客人の保護者」を示し、「主催者、来客、外国人、異人」などを意味します。このホスペスの派生系統の1つとして、ホスピタリス（歓待する、手厚い、客を厚遇する）というものがあり、現在のホスピタリティの言語的根拠となっています。ホスペス (hospes) の関連用語は host（主人）、hostess（女主人）、hospital（病院）、hotel（ホテル）など、多岐にわたります。言語の根本を見ると、ホスピタリティが人と人との関係、それを補完するすべての要素を含んでおり、ホスピタリティはあらゆる分野における原則的な基盤であると言えます。

　また、日本語の「もてなし」は、「もて」に「なし（成し）」が合成された名詞です。「もてなし（持て成し）」の基本的な語意が「身のこなし、人に対する態度」「振る舞い方」「待遇」などであることから、「ホスピタリティ」の日本語訳とは異なります。

　では、具体的にはどのようなことなのでしょうか。第6章にて触れているように、ホスピタリティとは「相手（お客様）がしてほしいと思っていることを事前に

察知し、して差し上げること」でもあります。ホスピタリティは決められた考えや方程式がないため、いろいろな捉え方、考え方があっていいのです。

先述の通りホスピタリティはサービス業だけのものではありません。私たちの身近な日常生活に存在するものです。例えば、電車に乗っている時に、お年寄りに席を譲る、困っている人がいたら声をかけて助ける、笑顔で挨拶をするなど、これらの行動そのものがホスピタリティです。

逆の視点から見てみます。もし、自分が座りたいからと自己中心的に考え、目の前にいるお年寄りを無視したら、自分の都合を優先させて、困っている人を放っておいたら、声もかけず無表情で挨拶もしなかったら、私たちは心地よさを感じることはないでしょう。つまり「相手のことを思い、行動する」ことができると、それだけで周りは心地よさを感じるものなのです。

「自分のして欲しいことを、人にしてあげる。されて嫌なことはしない」ということを基準に考え、行動しましょう。「ホスピタリティ」は知識で覚えるものではなく、実践することが大切です。まずは日常生活の中で相手の立場に立って考え、行動することから始めていきましょう。

7.3. 第一印象の重要性

ここでは、ホスピタリティの第一歩として第一印象の重要性についてお伝えします。第一印象で相手に「好感」を与えることができると、その後の人間関係をスムーズに始めることができます。

第一印象は出会ってから数秒から数十秒で決まると言われており、その印象はかなり長い間にわたって継続するようです。特にサービス業においては、スタッフの印象がそのまま、会社のイメージへ直結するので大変重要です。

第2章 色彩で触れられていますが、人の印象は話した内容そのものより、視覚や聴覚からの情報が強い影響力を持ちます。日本マナー・プロトコール協会(2016)が示すようにアメリカの心理学者アルバート・メラビアンは、異なった情報に接した時、人は五感（視覚、聴覚、味覚、触覚、嗅覚）を使って相手のことを判断しますが、その中でも視覚が占める要素は大きいという次ページのようなデータを得ています。つまり、自分がどのように相手から見られているかを常に意識することが大切なのです。

7

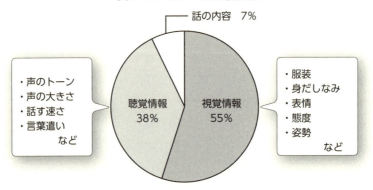

表1. メラビアンの実験結果

話の内容　7%

・声のトーン
・声の大きさ
・話す速さ
・言葉遣い
　　　　など

聴覚情報
38%

視覚情報
55%

・服装
・身だしなみ
・表情
・態度
・姿勢
　　　　など

　それでは、第一印象で好感を与えるための5つのポイント、身だしなみ、挨拶、表情、言葉遣い、立ち居振る舞いを学ぶことから始めていきましょう。

7.4. 身だしなみ

　「身だしなみ」は第一印象を決める最も大きな要素であり、印象を左右するものです。まずは「身だしなみ」と「おしゃれ」の違いを理解しましょう。相手を基準とし人に不快な印象を与えないように身なりを整えることを「身だしなみ」、自分が基準で、自分の好きなものを身に着けることが「おしゃれ」です。第一印象をよくするには、「身だしなみ」を整えるようにし、「清潔感」「控えめ」「上品」の3つを意識しましょう。

　まずは、「清潔感」です。「清潔感」のイメージは人それぞれですが、言い換えれば、「さわやかさ」と言えます。例えば、洋服はきちんと洗濯やクリーニングをする、しみやシワに注意し、アイロンをかけるなど手入れをするようにします。髪型は男性も女性も顔の表情を隠さないように整えます。

　次に「控えめ」であることです。これから行く場所や会う人、目的を考慮し、服装や小物を選ぶようにします。華美なものは時には主張が強いように受け取られます。相手を引き立たせるように、自分は控えめでいることが心遣いです。例えば、サービス業の場合、幅広い層のお客様に好感を与えられるよう、サービススタッフの身だしなみの基準では、髪色、髪型、腕時計などの小物、女性の場合はアクセサリーの大きさや個数、ネイルの色まで細かく決められているのが一

般的です。あくまでもお客様が主役、サービススタッフは控えめにすることで心遣いを表現しています。

　最後に「上品」であることです。誰が見ても好感が持てる品格を感じさせるようにすることが大切です。服装や着こなしで言えば、色使いやサイズ感、デザインで与える印象が変わってきます。また、品格はその人の日頃がつくりだし、醸し出すものでもあります。日頃から、「清潔感」「控えめ」「上品」を心がけて「身だしなみ」を整えていきましょう。

7.5. 挨拶

　挨拶は、誰もが幼少の頃から当たり前にできるように教育を受けてきたものです。なぜでしょうか。挨拶は相手への思いやりの気持ちを言葉や態度で表すもので、人間関係を築く上で大変重要だからです。また、挨拶はコミュニケーションの最初のステップでもあります。その場の状況に応じた挨拶ができることは、社会性をはかる1つの目安にもなり、信用、信頼につながっていきます。

　挨拶は相手に対する心遣いを伝えるものですから、そこに気持ちを込めることが大切です。それを表現するには、笑顔で相手の目を見て明るく元気な挨拶を心がけ、一言添えると感じがよくなります。また、「○○さん、おはようございます。」と名前を添えることも効果的です。例えば、サービス業の方であれば、「おはようございます。今日はいいお天気ですね。」「いらっしゃいませ。○○様、いつもご利用ありがとうございます。」と挨拶すると、より感じがよくお客様へ気持ちが伝わります。これは普段の生活の中でも実践できることです。

　また、日本ではお辞儀を伴った挨拶をしますが、特に欧米では、挨拶とともに握手をすることが一般的です。挨拶の仕方は国や習慣によって異なりますので、状況に応じて相手に対する気持ちを言葉と態度で表現できるようにしていきましょう。

7.6. 表情

　表情も身だしなみと同様に、第一印象に大きく影響します。皆さんは、普段どのような顔の表情をしているのか意識したことはありますか？

表情で好印象を与えるのは「笑顔」です。素敵な笑顔は、優しさ、明るさ、元気さを表し、周りの雰囲気を明るくします。また、自分自身の心も前向きにしてくれます。ポイントは、目の表情と口角を上げることです。特に口角は下がっていると、不機嫌さや威圧感を相手に与えてしまうため、常に上げることを意識します。

　また、最近はアイコンタクトを苦手とする人が多いようです。その原因は、モバイルなどを見ている時間が長く、人の目を見る時間が少ないためと思われます。相手の目を見ることは、相手を認め、尊重していることを表現し、信頼感を与えます。普段の生活からアイコンタクトを意識していくことが大切です。

　そして一番大切なのは心の表情です。心と表情はつながっていますから、プラス思考であれば、表情も明るくなり、気持ちが沈んでいると暗い表情になります。常に前向きな気持ちで過ごすことで豊かな表情になり笑顔も磨かれていくでしょう。

7.7. 言葉遣い

　言葉遣いはその人の品性、知性、教養を表します。日本語には、相手に敬意や丁寧さを表わす敬語という素晴らしいものがあります。丁寧で正しい言葉遣いは相手に対する心遣い、ホスピタリティそのものです。

　敬語が苦手という声をよく聞きますので、ここでは日頃の言葉遣いを見直すために、間違えやすい敬語について触れていきます。まずは、下記の問題を解いてみて、後で調べてみましょう。

Activity 1

下線部の言葉遣いが正しいものには○、そうでないものには×をつけ、正しいものに直しなさい。

1. こちらがメニュー<u>になります</u>。　　　（　　　　　　　　）
2. 以上で<u>よろしかったでしょうか</u>。　　（　　　　　　　　）
3. ○○様が<u>おっしゃられるように</u>…。　（　　　　　　　　）
4. お待ちいただく<u>かたち</u>になります。　（　　　　　　　　）
5. お席<u>のほう</u>ご案内いたします。　　　（　　　　　　　　）
6. <u>おタバコ</u>はお吸いになりますか。　　（　　　　　　　　）

1．丁寧語の誤用 「〜なります」

　丁寧語「です」「ます」「ございます」の誤用で「なります」を使う人が多いようです。この「なります」は、「です」もしくは「ございます」とするのが正しい言葉遣いです。

2．よろしかったでしょうか？

　「よろしいでしょうか？」を「よろしかったでしょうか？」と過去形で使っているのをよく耳にします。現在の意向の確認をしていますから、「よろしいでしょうか？」とします。

3．二重敬語

　二重敬語は「お読まれになる」「お読みになられる」「おっしゃられる」のように、1つの語について同種の敬語化を二重にしてしまったものです。本来尊敬語は、１．〜れる・られる　２．お〜になる　３．動詞を言い換え　することにより敬語化します。正しくは「読まれる」「お読みになる」「おっしゃる」「言われる」です。

4．〜かたち

　例えば、「お待ちいただくかたちになります」　のように、直接的な表現を避けるためか、「〜するかたち」という表現を使っているのをよく耳にしますが不要な表現です。この場合は、「お待ちいただけますか？」のように依頼形や「恐れ入りますが…」という言葉を添えると感じのよい表現になります。

5．〜のほう

　「私のほうがお席のほうご案内いたします」「お釣りのほう…」とよく使われています。「〜のほう」はもともと、方向を示す表現ですので不要です。丁寧な言い方になると思い使う人が多いので注意しましょう。

6．外来語

　「おタバコはお吸いになりますか？」　　「おビール1本ですね」

　「お米」「お食事」というように、その言葉に「お」をつけて丁寧にする美化語がありますが、「ビール」「タバコ」は外来語のため、「お」をつけません。すで

に定着している言い方ではありますが、本来はその表現はしないということを理解しておきましょう。

いかがでしょうか？ 正しい言葉遣いは、きちんとした敬語を使うことができるかどうかで決まります。正しい言葉を使うことでコミュニケーションはよりスムーズになり、円滑な人間関係を構築することができます。言葉遣いは心遣いですから、言葉に心を込め、美しい言葉遣いを意識し好感を与えられるようにしていきましょう。

7.8. 立ち居振る舞い

立ち居振る舞いはその人の内面の状態を表すものと受け取られます。メリハリをつけると丁寧で礼儀正しい印象を与えます。身だしなみ、服装とともに、視覚から入る情報として影響が大きく、第一印象のイメージを左右します。ここでは好印象を与えられる姿勢、お辞儀、所作の3つについて説明をします。

7.8.1. 姿勢

すべての立ち居振る舞いの基本は美しい姿勢にあります。リュックを背負ったり、モバイルを見る時間が多いため、つい猫背になっていませんか？ 日本マナー・プロトコール協会 (2016) は正しい姿勢のポイントとして下記を示しています。

美しい姿勢のポイント
- まっすぐな視線で相手の顔を見る
- 背筋を伸ばして軽く胸を張る
- 両手は体の横に自然におろす
- サービス業の場合は、女性なら自然に手を下ろした体の前で手を重ね、男性ならズボンの縫い目に沿わせて下ろす (手を組む位置が高いと、肘をはってしまうので自己顕示欲が強い印象になります)
- 左右のかかとはつけるのが原則、足先は男性は約60度に開き、女性は自然に開くようにする

美しい姿勢は、それだけで好感を与えます。まずは意識することから始めていきましょう。

7.8.2. お辞儀

お辞儀は相手に対する気持ちを具体的な身体の姿勢で表現するものです。特に外国人は、日本人の丁寧なお辞儀に大変感動します。日本らしさの象徴の1つと言えるお辞儀を美しくできるようにしましょう。

お辞儀はその時の状況によって角度が異なり基本的に3種類あります。

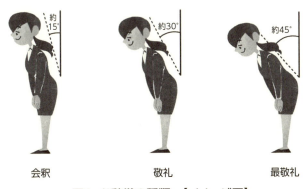

会釈　　　　　　　　　敬礼　　　　　　　　　最敬礼

図1. お辞儀の種類 【イメージ図】

・会釈（15度程度）

道や廊下ですれ違う時などに使われます。

　　例）「失礼いたします」「失礼いたしました」

・敬礼（30度程度）

いわゆるふつうのお辞儀で最もよく使われます。

　　例）「おはようございます」「いらっしゃいませ」

・最敬礼（45度程度）

敬礼よりも深いお辞儀で、さらに強い感謝の意を表す時や、依頼、お詫びの時など。

　　例）「ありがとうございます」「大変申し訳ございません」

7

美しいお辞儀のポイントは、美しい姿勢の状態で腰から綺麗に上体を倒すこと、メリハリをつけること、笑顔を添えることです。相手への気持ちを常に心に置いて、お辞儀をしましょう。

7.8.3. 所作

物の受け渡しや指し示しをする際は指先を揃え、特に物の受け渡しでは両手で扱うことを意識するとより丁寧な印象を与えることができます。また脚も意識しましょう。座っている際に、脚を投げだしたり、特に女性は膝が開いてしまうと、とてもだらしない印象を与えてしまいます。脚を揃えると、それだけで女性らしさを表現することができますので、意識しましょう。

以上、5つのポイント、身だしなみ、挨拶、表情、言葉遣い、立ち居振る舞いをお伝えしました。これらを意識し、取り入れることで第一印象が磨かれ、好感を与えることができます。そこからがホスピタリティの第一歩です。相手の人が自分を見た時に、どのように感じ、どのような印象を持つのかを客観的に考えてみてもいいでしょう。また、親しい人がいれば、自分の第一印象を聞いてみる、動画を撮影して客観的に見てみるということも効果的です。皆さんの第一印象がより磨かれれば、多くの人に好感を与えることができ、さらに人間関係やコミュニケーションがスムーズになります。

そして次のステップとして身近な人たちへの接し方を見直すことから始めることが大切です。「相手のことを思い、行動する」「自分のして欲しいことを人にしてあげる。されて嫌なことはしない」ということを常に意識し行動していくことで皆さんのホスピタリティが磨かれていきます。

7.9. サービスとは？

服部（2008）が述べているように、サービスという言葉は、エトルリア語から発生したと言われています。そのエトルリア語から発生したラテン語の形容詞セルバス（奴隷の）が語源となっています。これが名詞化してセルバスもしくはセスボス（奴隷、戦利品として獲得した外国人）へと派生します。そこから、セルビティウム（ラテン語）、セルビス（古フランス語）、サービス（後期古英語、中世英

語）に派生し、現在のサービスになりました。また、serve（仕える、尽くす）や servant（召使、使用人）などの数多くの関連用語も生んでいます。

　一般的にサービスというと、ヒューマンサービスをイメージしますが、お客様が満足するサービスを提供するには、それだけで十分でしょうか？　例えば、レストランを利用した際、サービススタッフのサービスは大変素晴らしくても、待ち時間が長い、料理が美味しくない、店内に清潔感がないなどだと、満足することが難しいでしょう。

　サービスは大きく分けて有形部分（形として目に見えるもの）と無形部分（形として目に見えないもの）があり、素晴らしいサービスは、その双方においてお客様の心を満足させているのです。以下は、サービスの3つの形について説明したものです。

表2. サービスの3つの形

ヒューマン （無形）	スタッフの心遣い　接客態度　親近感、好感度などの人的サービス
ソフト （無形・有形）	サービスシステム　ポイント制度　迅速な対応　正確な案内　など
ハード （有形）	製品　店内や客室の快適性　インテリア　家具　調度品　など

筆者作成

　素晴らしいサービスは、この3つのサービスでお客様の心を満足させます。また、次ページの表3は、日本航空が搭乗客を対象として実施しているサービスアンケートを抜粋したものです。このアンケート内容からヒューマン、ソフト、ハードサービスと多岐にわたり顧客満足のためのサービス改善に取り組んでいることが理解できます。

　ソフトとハードサービスは、どの業界、業種も取り入れているため、差をつけることが難しいものです。また、お客様も回を重ねるごとに慣れてきます。一方、ヒューマンサービスは人を飽きさせることなく、感動させることができリピーターを生みます。つまり、サービス業において、重要視されているものはヒューマンサービスであり、それは今後も変わらないものとなっていくでしょう。

表3. JALサービスアンケート (抜粋)

☐	JALホームページ、JALアプリの使いやすさ、情報の探しやすさなど
☐	出発空港内の係員 (チェックインカウンター・ラウンジ・搭乗口) の対応
☐	出発空港のチェックインからご搭乗までの手続きのスムーズさ
☐	客室乗務員の接客サービス (第一印象・笑顔・対応力・配慮など)
☐	機内の印象 (清潔さ、見た目の綺麗さなど)
☐	機内でのご利用の座席
☐	機内のアメニティ
☐	機内食・飲み物
☐	機内 WiFi サービス
☐	マイレージプログラム全般
☐	出発・到着時刻の正確さ

JAL ホームページ　サービスアンケート

7.10. ホスピタリティとサービスについて

　ここではホスピタリティとサービスの違いについて、人間関係の概念比較をしていきます。服部 (2008) が述べているように、ホスピタリティの主要な語源である hospes には、主人 (host) と客人 (guest) の両者の意味を含むため、対等の関係を意味しています。

　サービスにおいて、その派生には slave (奴隷) や servant (召使) などがあるように、顧客が主人であり提供者が従者という立場で、サービスを提供する際に、サービスする側とされる側という一時的主従関係を結ぶことになります。常に、顧客の意思が優先され、サービススタッフはそれに応えていくという義務が生じるとしています。

図2. ホスピタリティとサービスの概念比較

服部 , 2008 を元に筆者作成

サービスを提供する時には、必ず人と人との触れ合いが生まれます。その時に生じる交流こそ、ホスピタリティの本質と言えます。常にサービスマインドにホスピタリティマインドを盛り込むことでサービスの品質は素晴らしいものになるのです。

以下の（　　）に当てはまるものを記入してください。

・ホスピタリティでは、もてなす側ともてなされる側の関係は
　（　　　　）です。サービスでは、サービスする側とされる側の間には
　（　　　　　　　）関係があります。
・サービスを提供する時には、必ず人と人との触れ合いが生まれます。その時に生じる心と心の交流こそ、ホスピタリティの本質です。
・サービスを提供する時に発揮されるサービスマインドに
　（　　　　　　　）マインドを盛り込むことで、サービスの品質は
　素晴らしいものになります。

7.11. ホスピタリティとサービスマインドを磨く

では、最後に日々の生活の中で、ホスピタリティマインド、サービスマインドを磨いていくためにはどうしたらいいのかを考えていきます。

ザ・リッツカールトン大阪、京都全日空ホテルなどでホスピタリティの最前線

7

に立ってきた林田正光氏はマナーなどの形だけまねても、ホスピタリティを行うこととにはつながらないと述べています。そしてホスピタリティマインドを磨くためには、謙虚な気持ちを持ち、お客様や仲間、地域、仕入先、家族への感謝の念を持つことが大切だと述べています。(林田, 2007)

　また、皆さん自身がお客様としてより多くのホスピタリティやサービスを体験してみることも大切です。例えば、レストランであればいつもよりも格の高いところへ足を運び、ハード、ソフト、ヒューマンサービスを分析し、特にスタッフのサービスの様子を見て学ぶことで、新しい発見があるでしょう。また、飛行機を利用する際には、各エアラインのサービスコンセプトなどもあらかじめ調べて研究することも勉強になります。イギリスに拠点を置く航空サービスリサーチ会社のスカイトラックス(SKYTRAX)社は乗客から満足度調査などを行っており、毎年「ワールド・エアライン・アワード」を発表しています。同社のホームページに掲載されている2017年のワールド・エアライン・アワードの選考結果によると、「World's Best Airlines」の1位はカタール航空、2位はシンガポール航空、3位は全日本空輸(ANA)でした。世界的にも評価の高いエアラインを利用し、サービスを体験してみることも勉強になるでしょう。

　日系航空会社と外資系航空会社、FSC(フルサービスキャリア)とLCC(ローコストキャリア)のサービスの違いも比較してみるのもいいでしょう。ホテルと旅館のサービスの違い、テーマパーク、銀行や病院、美容院など、常に観察をしてみましょう。口コミやインターネットで様々な情報を集められる時代ですが、自分が足を運んで「感じてみる」ことが大切です。

　次に自分が素晴らしいと感じたサービスや逆に不快な思いをしたサービスがあれば「なぜそう感じたのか?」と分析し、「どうすべきだったのか」「自分だったらどうするか?」と置き換えて考えてみましょう。すべての体験がマインドを磨くことにつながっていきます。

　さらに深く学びたいと感じたのであれば、エアラインやホテルなどのホスピタリティについての書籍も多くありますので、読み、研究してみてもいいでしょう。各エアラインやホテルのサービスコンセプト、そこで働く従業員の方々の心がけを知ることも勉強になります。そして素晴らしいサービスはサービスに携わる一人ひとりの「心」が大切だということに気がつくでしょう。

　時代とともにサービスの考え方やスタイル、お客様からのご要望も多様化して

いるからこそ、常にアンテナを張って、皆さんの心と感性を磨いていくことが大切です。

7.12. まとめ

本章では「ホスピタリティとサービス」の基礎的なことをお伝えしました。ホスピタリティに興味を持つきっかけや理由は就職活動に役立つと思う人もいれば、将来サービス業を目指している、人として大切なことを学びたいということなど様々です。ただ、どのようなきっかけであれ、ホスピタリティを学びたいと思った時点で、すでに皆さんの心の中には素晴らしいホスピタリティの種がそこにあるということは間違いありません。

私たちは小さな頃から「相手を思いやる心」を教えられてきました。この章を読んで、皆さんの中に何か蘇るものがあれば、それをこれから大切に育てていきましょう。ホスピタリティは、人との関わりの中で磨かれていきます。これからより多くの人と出逢い、コミュニケーションをとることで、皆さんのホスピタリティがさらに磨かれていくことを期待します。

Let's Try

あなたが思うホスピタリティとはどのようなものですか？ 具体的な事例を挙げて記入しなさい。

<今泉景子>

7

8 | 心理学

8.1. はじめに

　心理学は、ヒトを含む動物一般の認知（思考）・情動（感情）・行動についての学問です。本章では、言語とコミュニケーション、そしてグローバル・コミュニケーションそのものが、私たちの経験や人生にどれほどの影響を与えるかについて、言語と認知（思考）の関係に焦点を当てていきます。このテーマはあまりにも大きく難解なので、シンプルな答えや正解というものはありません。したがって、本章では「絶対的な知」や「真実」を皆さんに教えるというよりも、数多くある考え方の中から「関係フレーム理論」（Relational Frame Theory）を紹介し、この思考のレンズを使いながら、私たちの心と言葉、そして世界を取り巻くコミュニケーションの多様性とその豊かさについて、皆さんと一緒に考えてみたいと思います。

　本章ではまず、関係フレーム理論（以降 RFT と呼びます）が人間の言語の発達を理解するのにどのように用いられ、RFT の視点から何が明らかになってきたかを紹介します。次に、認知（思考）・情動（感情）・行動の3つの領域における人間の心理的経験のうち、認知（思考）が RFT を介してグローバル・コミュニケーションとどのように関わってくるかについて、見てみましょう。

8.2. 文化と言語の起源：ヒトは共有することで話すことを学んだ？

　そもそも言語というのはどこからやってきたのでしょうか？　長年、心理学者たちはこの疑問を解決すべく取り組んできましたが、数多くある説の中でも最有力視されているのは、進化心理学者によって提唱された「協力の有用性」（Hayes, Barnes-Holmes & Roche, 2001; Nowak & Highfield, 2011）という考え方です。私たちヒトは非常に社会的な動物です。物理的な環境のみならず、他人とのやりとりといった社会的な環境から多大な影響を受けています。

　例として、社会性を持ちながらも言語を操ることができない霊長類の代表、ゴ

リラの実験を見てみましょう。人が手の届かないところにあるバナナを取ろうとすると、ゴリラは柵を乗り越えてやってきて、バナナを手に取ります。しかし、人がカゴに入ったバナナを指差しても、そちらに視線を向けるだけでバナナを取りに行くようなそぶりは見せません (Tomasello, Call & Gluckman, 1997)。

この実験から、ゴリラは他者と協力するよりも、競う方がよりよく理解できるということがわかります。なぜなら、最初にゴリラがバナナを手に取ったのは、あくまでも他人より先にバナナを手に入れるためであり、相手の意図をくみ取った結果としての行動ではなかったからです。これは、指差しだけでは同じ行動が見られなかったことからもわかります。対照的に、1歳未満の子供は言語を介さずに指差しで伝えられた指示をよく理解し、対象物をカゴに入れることができました (Dymond & Roche, 2013)。初期の人類も、互いに協力して日々生活していたことが明らかにされていますが (Tomasello, 1999)、人間の言語はタスクを遂行するためだけに発達したのではありません。人間の言語は、より豊かなもの——「文化」から生まれてきたのです。

言語は文化と同様、他人と共有され、**伝達される価値・パターン・行動のシステ**ムであり、**環境によって大きく左右されるものである**と言えます (Markus & Hamedani, 2007)。

イヌイットの人々は、雪を表現するのに 30 もの言葉を使うと言われており、伝統的なアルジェリア人は 100 以上もの言葉で馬の皮を表現するそうです。このような言語の多様性は、主に周りの環境や地理的な違いから生まれてくると考えられています。事実、ほとんどの言語には翻訳不可能な言葉があり、それらの多くは地理的・歴史的・社会文化的体験に基づいたものです。英語の Gentleman（ジェントルマン），understatement（アンダーステイトメント）、フランス語の charme（チャーム），esprit（エスプリ）、ルーマニア語の dor, taină, spaţiu mioritic などがそのよい例でしょう (Durdureanu, 2011)。

こうした言葉に共通しているのは、単なる物理的・社会的な環境を表すのではなく、言葉を使用する人との関係を含む表現であるという点です。**言語は、自分が必要なものを手に入れ、他者を利用するための単なる道具ではなく、私たちがどのように考え、周囲の人々や環境から何を学び、人とどのように関わっていくかを規定します。**これが、心理学的にグローバル・コミュニケーションを考える上で最も重要なポイントです。

8.3. 言語と認識：ヒトが考えるとはどういうことか

「刺激」とは？

「刺激」というのは、心理学における一般的な言葉で、私たちの五感で感知することができるすべてのことを指します。私たちが聞き、見、嗅ぎ、触り、味わうことができるものはすべて刺激として脳に伝わり、何らかの反応を引き出します。

　これまでの研究から、ヒト以外の動物は高度な思考能力を持ち合わせていないと考えられています。よくしつけられた犬は、「おすわり！」と言われれば指示通りに動きます。しかし、その犬は果たして「座る」という行為をどれだけ理解しているでしょうか？ 座っているのは「自分」であるということを知っているでしょうか？ 犬はとても賢い動物ですが、こうした高度な思考能力は残念ながら持っていないのです。

8.3.1. 言葉と刺激のペアリングを学ぶ

　では私たちヒトはどのようにしてこの「座る」という行為を理解し、高度な思考をしているのでしょうか？

Activity 1

下の言葉を見てください。

ウサギ

1分以内に、この言葉から連想することを書き出してみましょう。
-
-
-
-
-

　「ウサギ」の言葉を見た時、どのような考えが浮かんだでしょうか？「ふわふわ」、「速い」などウサギの様子を表す形容詞だったかもしれませんね。あるいは、「にんじん」、「庭」などといった物や場所だったかもしれません。（より高次

のつながりを持つこの2つについてはまたのちほど触れます。）このように、「ウサギ」という言葉を見たり、聞いたりすると、大体の人はまず頭の中でその姿を思い描きます。まずシンボル（言葉）を見て、それから実際のウサギを想像するのです（Barnes, 1994）。

　これは、皆さんも意外と身近に知っていることかもしれません。親が子供に最初の言葉を教える時を考えてみてください。お父さんのことを指差して、「お父さん」と発音し、それを覚えるまで何度でも繰り返す――小さい子供と時間を過ごしたことのある人は、思い当たるのではないでしょうか。

　しかし、いつもこのようにうまくいくとは限りません。あるお父さんは、自分の顔の真ん中を指して「お父さん」と発音し、子供に教え込みました。すると、子供はその後2か月にわたって大きな鼻を持つ人を指して「お父さん」と呼ぶようになってしまったのです！　ジェスチャー（鼻を指差すこと）と「お父さん」という言葉を繰り返し発音した結果、「お父さん」というシンボル（言葉）と刺激（大きな鼻）が誤って関連づけられてしまったのでした。　ヒトは幼い時からこのようなトレーニングを経て刺激を頭の中で関連づけ、シンボルを使ってコミュニケーションしていくことを学びます。このように、頭の中で認知的に刺激を関連づけ、「関係フレーム」を形づくるのです。

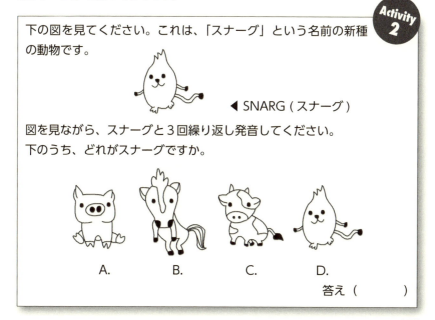

Activity 2

下の図を見てください。これは、「スナーグ」という名前の新種の動物です。

◀ SNARG（スナーグ）

図を見ながら、スナーグと3回繰り返し発音してください。
下のうち、どれがスナーグですか。

A.　　　　B.　　　　C.　　　　D.

答え（　　　）

「こんなの簡単だよ！」という声が聞こえてきそうですね。なぜ正解することができたのか？「だってたった今、そう言ったじゃないか」と皆さんおっしゃるかもしれませんが、実は正確にはそうではないのです。絵と「スナーグ」という名前（シンボル）の関連についてはお伝えしたかもしれませんが、シンボルと絵の持つ関係については皆さんが推測したにすぎません。つまり、「A（「スナーグ」）→ B（絵）」であることを学んだ皆さんは、「B（絵）→ A（「スナーグ」）」であることを同時に学んだのです。

このように、1つの関係について学ぶ時、私たちは「同格の関係のフレーム（同等）」を通して同時に2つの関係を学ぶということをいとも簡単にやってのけているのです。これは、実はすごいことなのです。このように、心理学では刺激同士を関連づけることによって、ある関係が成り立てばその逆もまた正しいということがわかります。これは極端にシンプルな例ですが、この公式を応用すると、実に様々なことが見えてきます。

例えば、「この動物はスナーグです」「スナーグは『モー』と鳴きます」「スナーグは『S-N-A-R-G』と書きます」と言ったらどうでしょう。あなたは3つの直接的な関係を教わることによって、ほかに推測された9つの関係を含む、全部で12の関係を学習したことになります。（図1参照）

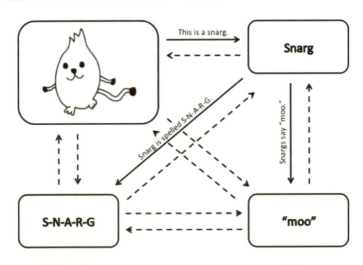

図1. 同格の関係フレームを通じ、3つの直接的な関係を学ぶことでほかの9つの関係が推測される

Torneke, 2010 を元に作成

このように、関係フレームを使って言外の関係を推測する能力は、言語を獲得し、それを自由に操るヒト特有のものであり、ほかの動物には見られません。例えば、ゴリラのココの話を聞いたことはありますか？ ココは手話を使って人間とコミュニケーションをとることができました。欲しいもの（バナナなど）やその他の要求、気持ちだけでなく、ココにとって重要な関係についても表現することができました。ココの言語能力はヒト以外の霊長類の中でも稀にみる非常に高いものでしたが、その学習プロセスはヒトのそれとは大きく異なり、シンボルと刺激をすべて、直接的に教えなければなりませんでした（Patterson & Cohn, 1990）。ココは関係フレームを使って、間接的な関係を推測することができません。小さな子供が数か月のうちに「自動的に」学ぶようなことも、ココは何十年もかけてトレーニングし、ようやく習得することができたのです。

8.3.2. 関係フレームの応用

　関係フレームは、シンボルと刺激を瞬時にマッチングして相互に対応させる**同格の関係**フレームだけでなく、それらの**差異**（反対の関係・違い）や**比較**（大小・多い少ない・優劣）、**空間的な関係**（場所・上下・前後）、**一時的な関係**（時間・事前／事後）、**因果関係**（〜たら・〜すると）、**階層的な関係**（包含・部分集合）、そして**話者基準的な関係**（「いまここにいる私」を通してはじめて理解できる「そしてそこにいるあなた」）などにも使われます（Hayes & Hayes, 1992）。これらがどのように使われるか、「家」を例にとって表現してみましょう。

> 家は建物の一種で（階層）、上には屋根が、下には床があります（空間）。大きい家も小さい家もありますが（比較）、他の建物とは違って、人が住めるようにデザインされています（差異）。もし誰かがこの家を壊してしまったら、新しい家がまた同じところに建てられるでしょう（因果）。家は、「おうち」と呼ばれることもあります（同格）。私にとって、家はホッとできる場所です（話者基準）。

　上の例からもわかるように、家とはどういうものかをただ説明するだけではなく、「家」というものが個人的にどういった意味を持つのかについて、私たちは感

情さえも伴うかたちで「家」と関連させ、包括的に理解していることがわかります。このような意味や理解のネットワークは、直接的に学んだものだけではなく、推測されたもの（図1の点線部分）によっても、蓄積されていきます。

このように、刺激とシンボル、さらには感情を関連づけ、複雑で精巧な意味のネットワークをつくり上げていくことで、私たちは直接体験していないことを知ることができます。例えば、1億円と聞いて皆さんは想像がつきますか？　きっと、あまりに大きな額なのでそう簡単には想像がつかないことでしょう。「1億円」という概念を、直接的に経験することがほとんどないからです。ですから、1億円がどれほどのものかを理解するためには、関係フレームを使う必要があるのです。まず、比較の関係フレームを使って1億円は1千万円より、1千万円は100万円よりも大きな額であることが言えます。100万円であれば、もう少し想像しやすい額ですね。このように、私たちは身近に経験したことのある概念を介し、**比較の関係フレームを通すことではじめて、それよりも大きな事柄を理解することができるのです。**

Activity 3

下の問いに答えてください。
「永遠」という言葉の定義を、「ない」「なしで」などといった、反対の関係フレームを使わずに説明してください。例えば、「終わりの**ない**」「時間に縛られ**ない**」「制限の**ない**」という言葉は使えません。5分考えたら、続きを読んでください。

永遠：
....
....
....
....
....

どうでしたか？　とても難しかったのではないでしょうか。1つも思い浮かばなかった人もいるかもしれません。これは、私たちが直接経験している「制限ある」「有限の」時間の対極にあるものとしてでなければ「無限」という概念を理解することができないことを示しており、それは関係フレームを通してのみ、可能なこ

となのです。ですから、言語と高次の認識（「無限」という概念の理解など）は密接に関わり合っているだけではなく、同じことを指しているとも言えます。

8.4. 意味と言葉の関係ネットワークの拡張とグローバル・コミュニケーション

さて、ここからいよいよ、グローバル・コミュニケーションと心理学とのつながりについて詳しく見ていきたいと思います。心理学で考えられている関係フレーム理論では、言語というシンボルが私たちの認知や感情、行動とその動機、そして自己理解に至るまで、大きな役割を果たしていることがここまでの説明でわかりました。この視点から見ると、グローバル・コミュニケーションはどのように理解できるのでしょうか。

「グローバルにコミュニケーションをする」ためには、**グローバルな概念、グローバルな心情、グローバルな動機**が必要不可欠です。これらはどれも私たちが普段過ごしている中では身近にないものです。様々に存在する概念や感情の関係の中でも、最も大きく広がっている、**グローバルな関係ネットワーク**にアクセスすることで、豊かな多様性とそれぞれの文化・知識から多くを学ぶことができます。

グローバル・コミュニケーションは、以下の3つのレベルで人の心理に影響を与えます。紙面の関係で、今回は1つ目の認知に焦点を当てて考えていきましょう。

- ・私たちの思考の幅を広くし、考えを深めてくれる（**認知**）
- ・自分一人では思いつかないような視点を得たり、経験し尽くせないような心情を共有したりすることができる（**感情**）
- ・独自の思いや考えを世界に発信し、国際社会の発展に貢献することができる（**行動**）

8.5. 限りなく拡張する認知としてのグローバル・コミュニケーション

まずは、グローバル・コミュニケーションが私たちの思考にどのような影響を与えるかについて、考えてみましょう。この章の冒頭では、エスキモーの人々が

「雪」を表すのにいくつもの表現を持つように、私たちの身体的・社会的（文化的）環境がいかに言語を左右するかについて触れました。どのような情報が手近にあり、言葉でそれらをどうラベリングするのか、またそうした概念にどのような考え方や心情が隠されているのかは、言語ごとにそれぞれ異なるのです。

　つまり、複数の言語を学ぶことで、全く新しい概念と言葉とを関連づけることができるばかりでなく、それらを自由自在に操って、独自の関係ネットワークを構築することさえできるのです。

8.5.1. 広がる知識網：英語の優位性

　もし何かわからないことがあったら、どうやってその情報を手に入れますか？知りたいことにもよりますが、人に聞いたり、図書館で本を探したりするかもしれません。最近では、インターネットで検索することがほとんどでしょう。インターネットで探せば、無限に情報が手に入る——私たちは普段そう思いがちですが、実はインターネットを介して手に入る情報は、全体のほんの一部でしかありません。なぜなら、**手に入れられる情報はすでに言語によって大きく制限されている**からです。

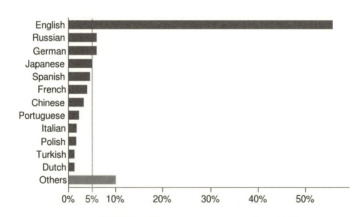

図2. 言語別に見たインターネット上の情報

　図2は、現存するウェブサイトの言語の割合をパーセンテージで示したものです（Grefenstette & Nioche, 2000）。グラフを見て、何か決定的なことに気がつくでしょうか？　そう、**インターネット上にある情報のほとんどは、英語で書か**

れているのです。英語以外で書かれている情報を併せても、英語だけでしか手に入らない情報の方がまだ多いのです。実際、これはインターネットに限ったことではありません。英語で書かれている科学の論文の割合はそれ以上で、2012年の時点で現存するすべての研究雑誌の約80％は英語で書かれています（Weijen, 2012）。ある分野で専門家になろうと思っても、世に出ている情報のほんの一握りの情報にしかアクセスできないのであれば、専門家とは言えません。どんな分野でも、専門家になろうと思う人は誰でも英語を学ばなくてはならないのは、こういうわけなのです。

　つまり、グローバル言語である英語を習得するということは、**英語という言語から広がる概念、感情、思想などの関係ネットワークにアクセスできるようになり、全く新たな知識を得ることなのです。**

8.5.2. 様々な言語で様々に表される概念

　グローバル言語を習得することで知識量が増えるだけではなく、**その言語でしか理解することができないアイディアや概念、様々なシンボルとの関連を知り、母国語とは異なる全く新しい次元でものごとを理解したり、学んだりすることができます。**

　例えば、心理学では"resilience""aversion"そして"intervention"といった概念がありますが、これらはどれも日本語ではなかなか翻訳しづらい言葉です。あまりにも意味が訳しづらいので、そのままカタカナで「レジリエンス」「アヴァージョン」「インターベンション」という言葉になっています。これではなおさら意味が伝わらないのですが、これらはどれも人の経験を表現するためのシンボルであり、重要な出来事を表しています。**こうした言葉というシンボルに隠された意味や体験を十分に理解できないということは、つまりその重要な出来事を経験できないままになってしまっているということでもあります。**また、互いの言葉を十分に理解しない人たち同士では、こうした概念や体験というものが共有できないだけではなく、別々の意味ネットワークの広がる世界に住んでいるために、感情や思考などの様々なレベルで通じ合うことが難しくなってしまうのです。

　これは英語に限ったことではありません。どの言語も、身の回りの物質的環境や対人関係、社会的な状況を独自のやり方で表現する術を持っています。日本語を話さず、日本文化の中で育たなかった人たちにとっては、「わびさび」「もの

のあわれ」「木枯らし」「幽玄」といった言葉はなかなか理解が難しいでしょう。しかし、こうした言語独特の概念を知り、理解することで、私たちが普段触れている小さな世界と、その外にある大きな世界との関わりが見えてきます。たとえ日本語が母国語ではなくても、「わびさび」という言葉の意味とそれに付随する心情を学ぶことで、その人は教養を深め、より広い視野を持つことができるようになるのです。

　グローバル言語を学ぶ時、私たちは同時に、これまで自分の中には存在していなかった様々な刺激と、新しい体験とを得ることができるのです。

8.5.3. 様々な言語で表されるアイディア同士のつながりの強さとその違い

　すでに見てきた通り、それぞれの言語にはある刺激（出来事）を表現する、その文化特有の言葉やフレーズがあります。大多数の言葉（特に名詞）には、それぞれ対応する言葉がほかの言語にも存在するのは確かですが、それらがどの言語でも全く同じように理解されているとは限りません。同じ文化に属し、同じ言語を話す人同士でも、個人的な経験をもとに少しずつ違う意味や概念の関係ネットワークを持っているのと同じように、**物事がどのように理解され、関係ネットワークによっていかに表現されるかは、文化や言語ごとに異なっているのです。**

　ある実験で、アメリカの大学生 20 名と、日本の大学生 20 名に、「社交不安」と聞いてどんなことが思い浮かぶか、自由に回答してもらいました。これは、同格の関係フレームを使っていることと同じです。複雑な統計モデルを用いて得られた回答を分析し、日本の学生とアメリカの学生の回答の結果をそれぞれグラフにしたものが図 3 です。

　図 3 では、言葉同士の関連と、その強さが線の太さで表されています。見てわかるように、アメリカと日本の学生は同じ「社会不安」について説明しているにもかかわらず、その内容と、連想された言葉同士のつながりの強さは大きく異なっていました。日本人の学生たちは「社交不安」と聞くと、対人関係やものの感じ方について連想する一方、アメリカの学生たちは、精神的に不安定で、どちらかと言うとその人の性格に問題がある、というイメージを持っていました。このように、言葉そのものは同じ事柄を示しているにもかかわらず、文化や文脈が違えば視点が変わり、その言葉の解釈や理解も変わってくるのです。

　グローバル言語を学ぶと、このように様々な視点を同時に持つことができま

す。2言語以上を話し、理解できるということは、異なる広がりを持つ2つ以上の関係ネットワークに同時にアクセスできるということでもあります。ですから、考えている内容は似通っていたとしても、そこから連想されることや導き出される結果は大きく異なってくるのです。

　つまり、グローバル言語を学ぶことで、私たちが普段当たり前のように考えていたようなことも、別の視点から捉えられるようになるのです。

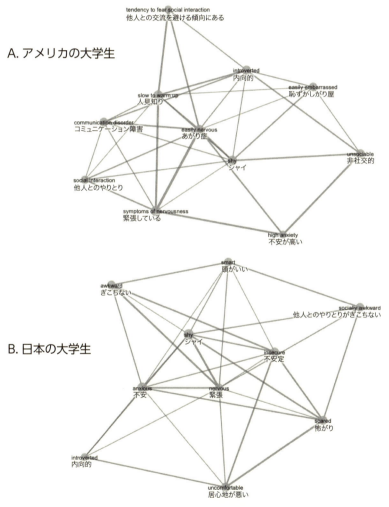

図3.「社交不安」から連想された言葉

8.6. まとめ

　この章では、グローバル・コミュニケーションと言語が、ヒトの認知といかに深く関わっているかについて見てきました。言語はヒトに特別に備わった能力であり、思考や感情に深みをもたらしてくれるものです。私たちが考え、感じていることは、言語を通して表現され、関係フレームを介して拡大していきます。考え、感じていることを、言語や文化にとらわれることなく表現することで、私たちの行動、そしてその動機にも変化が起こってきます。

　グローバル・コミュニケーションは、認知（思考）、感情、そして行動のレベルで私たちの心理にはたらきかけます。本章で見てきたように、認知レベルでは、新しいアイディアを得たり、経験したことを表現する新しい切り口を与えてくれたりするだけでなく、複数の視点から出来事を多角的に捉えることを可能にします。感情レベルでは、「頭で考える」のではなく「心で考える」ことが世界中の人々とつながることを可能にします。これは、自分とは異質の人々を避けてしまう自分の傾向に意識的になり、そのバイアスを乗り越えることによって達成されるのであり、それができて初めて、私たちは、バックグラウンドも、話す言葉も異なる人たちと強い絆を結んでいくことができるようになります。そして行動レベルでは、私たちの慣れ親しんだ文化の中で、「常識」だと考えられている行動や習慣を新たな視点から見つめ直し、他の文化から学ぶことで、自らの行動を自由に決めていくことができます。グローバル・コミュニケーションは、すでに定められた文化や言語といった枠を飛び越え、私たち一人ひとりがより自分らしく生きるためのツールを手に入れることを可能にするのです。

　私たちヒトは、思考と感情、そして行動によって成り立つ生き物であり、言語はそのすべてと密接に関わっています。言い換えると、言語は私たちヒトのあり方を表すのであり、**私たちは言語そのもの**だとも言えます。グローバル・コミュニケーションを通して、私たちは深く思考し、ありとあらゆる感情を経験し、多様な行動様式を学んで様々な縛りから自由になることができます。そして、最終的になりたい自分に近づいていくことができるようになるのです。

1. 下の指示にしたがって自分の「関係ネットワーク」を書き出してみよう。

   まず、思い浮かんだ言葉を1つ、白紙の真ん中あたりに書いてください。どんな言葉でもかまいません（例：コーヒー、海など）。その周りに、その言葉から連想されることがらを書き足していきます。言葉の説明でも、それに関する行動でも、思い出でも、感情でも、願い事でも構いません。あなたの頭の中で、それらはどのように関連し合っていますか。関係性に沿って、書き出した言葉同士を線でつないでみましょう。関係性の強いものは太い線で、あまり強くないものは細い線で表してみましょう。図3のようなネットワークができたでしょうか？ これが、あなたの選んだ言葉に関する、あなただけの「関係ネットワーク」です。

2. 同じ言葉を選んだほかの人は、どのような関係ネットワークを持っているでしょうか。どのような違いがあり、共通している部分はどんなところでしょうか。また、こうした共通点や違いは、なぜ起こるのでしょうか。

   ....
   ....
   ....
   ....
   ....

< KRIEG Alexander・KRIEG 波奈 >

9 音声

9.1. はじめに

大学入学前の受験生と話をしていると「何かおかしい」と感じることがあります。それは、英語という言語や英語圏の地域に対して、日本の高校生が極端な憧れを抱いているということです。右の図は、高校生からグローバル・コミュニケーション学部へ寄せられた質問の中にどんな単語が含まれるかを、テキストマイニングという手法を使って調べた結果です。88 人から届いた質問に含まれていた名詞を抜き出した結果、多い順に「英語」「人」「外国」「海外」となっていました。

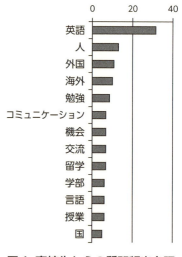

図 1. 高校生からの質問頻出名詞
神戸学院大学 , 2014　中西作成

9.1.1.「英語ペラペラ」が目標？

まず、第 1 位の「英語」という語は 32 回も使われていました。4 人のうち 1 人は「英語」について質問をしていたのです。少し詳しく調べてみると「グローバル・コミュニケーション学部に入れば英語が話せるようになりますか?」「英語ができなくても、授業についていけますか?」という趣旨の質問が大多数を占めていました。ここで、「グローバル・コミュニケーション」=「英語」という考え方について、少し考えてみましょう。確かに、数ある言語のうち、英語はグローバルなコミュニケーションに大変役立つ言語です。しかし、英語さえできればコミュニケーションが成立するわけではありません。どんなにペラペラと英語を話せたとしても、相手がそれを理解しているかや、相手がどんな気持ちでそれを聞いているかに興味がないのでは、効果的にコミュニケーションがとれているとは言えません。

9.1.2. 「グローバル」＝「外国」？

　次に頻度が高かった「人」は「外国」とつながって「外国人」という語として使われている傾向がありました。「外国」に続いて頻度が高かった「海外」という語も合わせると、「グローバル」＝「外国・海外」という図式が高校生の頭の中にあるように感じられます。このことについても少し考えてみる必要があります。「グローバル」という語は、「内」や「外」のような境界がない、丸い地球全体を示します。日本という島の内側なのか外側なのかという分け方で世界を見るのではなく、1つの丸い地球の上にいっしょに浮かんでいる大陸や島にいる仲間とのコミュニケーションが、「グローバル・コミュニケーション」です。

　また、「英語が話せるようになりますか?」という質問が多数を占めた、という部分に注目してください。ちなみに「英語が書けるようになりますか?」という質問はゼロでした。海外旅行に行った時や、アルバイト先で外国からのお客様のおもてなしをする時など、初歩の段階では「とっさの一言」のような音声コミュニケーションが必要とされる場面が頭に浮かびやすいせいかもしれません。この章では音声を通したコミュニケーションに注目し、どんな英語をモデルにして話すのかについて考えていきましょう。

9.1.3. どんな英語を話すのか

あなたは、以下のうち、どんな英語を話すことを目標としますか。 **Activity 1**

1. ネイティブ・スピーカーと同じような発音で話せるようになりたい。
2. 言いたいことが相手に伝わるのであれば、発音にはこだわらない。
3. 英語発音の中に日本語の特徴を残しておきたい。

（　　　　）

　高校や大学で延べ1,000人ほどに同じ質問してみたところ、3.を選んだ人はごく少数で、全体では、1.と2.を選んだ人がほぼ半分ずつぐらいでした。以下では、これらの「ネイティブ・スピーカーモデル」、「通じる英語モデル」、「日本語英語モデル」について、考えてみましょう。

9.2. ネイティブ・スピーカーモデル

英語を専攻している人はこのモデルを選ぶ傾向が強いようです。語学の専門家を目指している人は「本場のホンモノの英語」を習得したいと考えるのでしょう。また、文部科学省が決めている「学習指導要領」でも、ネイティブ・スピーカーに協力してもらって授業計画を立てることが望ましいとしています（文部科学省, 2011）。

9.2.1. 様々な変種

では、具体的に「ネイティブ・スピーカー」とはどんな人を指すのでしょう？ その人は、どんな英語を話すのでしょう？

地域変種　イギリス英語とアメリカ英語では発音の仕方が異なるということは誰にでもわかりますが、英語圏と見なされる国はイギリスとアメリカ以外にもたくさんあります。それぞれの地域で、大なり小なり特徴的な英語が話されていて当然です。このような、地域による言葉の違いは「地域変種」と呼ばれます。一般的には「訛り」という呼び方もしますが、「訛り」という呼び方の背景には、正しい標準的なものが１つあって、訛っているものはその基準から外れているというニュアンスを含みますので、正確な表現ではありません。どの地域の英語が正しいのかという問題ではなく、どの変種もその地域に根付いた標準を持つ、正しい英語なのです。

社会変種　ニュースキャスターと、バラエティ番組の進行役の話し方を思い浮かべて比較してみてください。それぞれ話し方が異なるはずです。このような職種による話し方の違いや、社会的階級、男女差、年齢など、社会の中でその人がどういうポジションにいるのかという要素によって異なる言葉の使い方を「社会変種」と呼びます。日本語であれ英語であれ、すべての人がニュースキャスターのように話す必要はありません。自分が担っている社会的役割にふさわしい話し方が、最適な話し方となるはずです。

言語使用域　さらに、同じ人が話していても、場面によって話し方は異なります。日本で英語学習をしていて耳にする機会が多いのは英語の先生の話し方かもしれませんが、先生たちも、教室で指導をしている時と家に帰って家族とくつろいでいる時では、話し方が当然異なります。このように、会話の相手が誰なのか、ど

んな場面でどんな目的で話しているかという要素は「言語使用域」や「レジスター」と呼ばれます。これは、10 章で扱う「ジャンル」という概念と密接なつながりがあります。

9.2.2. 一体、どのネイティブ・スピーカーがホンモノ？！

結局、日本語であれ英語であれ、ネイティブ・スピーカーの話し方の中にも様々な変種があるので、どの地域の、どの社会的地位に属する人が、どんな状況で使う英語を選べば「ホンモノ」を選んだことになるのか、わからないものです。「ネイティブ・スピーカーみたいに話せるようになりたいから、洋画を観ながらシャドーイングの練習をしています」という人は、どの時代のどの地域が舞台になっている映画で、どういう役柄を演じている人の話し方なのかをよく考えた上で真似をしてください。そして、練習した話し方を実際に使ってみる時には、その話し方を真似てもよい状況なのかどうかを判断してください。

また、お目当てのネイティブ・スピーカーのように流ちょうに話せるようになったとしても、相手が理解できないようなスピードでまくしたてるのは自己満足でしかありません。特にグローバル・コミュニケーションの場面では、聞き手がどんな人なのかということにも注意を払う必要があります。以下では、コミュニケーションの相手がネイティブ・スピーカーとは限らないというお話をします。

9.3. 通じる英語モデル

英語以外の分野の学部に所属している大学生は「通じる英語モデル」を選ぶ傾向が強いようです。英語の話し方よりもコミュニケーションの内容そのものを重視するタイプと解釈することもできますが、実際には「がんばってもネイティブ・スピーカーのように話せるようにはならないから、とりあえず伝わればよい」という諦めのような意見も目立ちます。

> **Activity 2**
>
> 「英語を使う人」をイメージして、以下の質問に答えてください。
> 1. 世界の全人口のうち何人ぐらいが英語を使っているでしょうか。
> 2. あなた自身は、その数に含まれますか。
> 3. 含まれるとしたら、どんな相手に対して英語を使っていますか。

まず、Activity 2-1. に対するヒントです。インド出身の言語学者カチュルは1980年代のデータを参照して、世界の英語ユーザーの数として、8億から20億という数字を挙げています (Kachru, 1992)。数字に大きな開きがあるのは、データの取り方によって数が異なるせいです。例えば、Activity 2-2. の答えを考えてみると、自分自身のことでさえ、英語ユーザーとしてカウントしてよいかどうか迷った人も多いのではないでしょうか。どのくらい英語を使えばユーザーとして見なされるのかという基準が異なれば当然、ユーザーの数自体が異なります。授業で英語を暗唱するだけ、英語の先生と話をするだけ、というのはコミュニケーションの手段として英語を使っている数に入れないこととして、例えばアルバイト先、海外旅行、研究発表などで英語を使っている人は、Activity 2-3. の答えを考えてみてください。恐らく、必ずしも相手がネイティブ・スピーカーではないはずです。このように、英語のネイティブ・スピーカーの存在にこだわらない、コミュニケーションの手段として使われている英語は、国際語としての英語 (English as an International Language, EIL) や世界共通語としての英語 (English as a Lingua Franca, ELF) と呼ばれます。以下ではこのような考え方を築いた2つの研究を紹介します。

9.3.1. カチュルの3つの円

　右の図2は、カチュルが示した、有名な3つの円です。1980年代のデータを元にしたものですから具体的な数値は現在と異なりますが、この3つの円が何を指すのか、下から上に向かって順に見ていきましょう。

　一番下の "Inner Circle" と呼ばれる円の中には、英語を母語として話す人が多い国と、その国の人口が示されています。母語として使用される英語は ENL (English as a Native Language) や L1 (First Language) と呼ばれます。全員が英語を話すとは限りませんが、この図に示されている数を単純に足し算してみると3.5億人ぐらいです。

　2つ目の "Outer Circle" という円には、歴史的に英語圏の国の支配下にあったなどの理由から、英語が公式な言語となっている国が含まれています。このように、母語とは別に、生活するために公の場で必要とされる英語は ESL (English as a Second Language) や L2 (Second Language) と呼ばれます。カチュルは、このうち英語ユーザーがたった10%だとしても、1.1億人ぐらいになると

見積もっています。ESL として使用される英語は、それぞれの国や地域で使われている言語の影響を受け、ネイティブ・スピーカーモデルとは異なった形の英語になります。このような様々な形の英語を、本来は不可算名詞の English という語を複数形にして Englishes と表現することもあります。

一番上の "Expanding Circle" という円には、英語が公式な言語としての役割を持たない国や地域が示されています。日本もこの円の中に含まれています。Expanding Circle に属する人たちにとって、英語は EFL (English as a Foreign Language) となります。この中の何%を英語ユーザーと見なすかは、「英語を使う」ということが何を指すのかという定義によりますが、グロー

The "Expanding Circle"	
China	1,088,200,000
Egypt	50,273,000
Indonesia	175,904,000
Israel	4,512,000
Japan	122,620,000
Korea	42,593,000
Nepal	18,004,000
Saudi Arabia	12,972,000
Taiwan	19,813,000
USSR	285,796,000
Zimbabwe	8,878,000

The "Outer Circle"	
Bangladesh	107,756,000
Ghana	13,754,000
India	810,806,000
Kenya	22,919,000
Malaysia	16,965,000
Nigeria	112,258,000
Pakistan	109,434,000
Philippines	58,723,000
Singapore	2,641,000
Sri Lanka	16,606,000
Tanzania	23,996,000
Zambia	7,384,000

The "Inner Circle"	
USA	245,800,000
UK	57,006,000
Canada	25,880,000
Australia	16,470,000
NewZealand	3,366,000

図2. カチュルの3つの円
Kachru, 1992 より一部修正

バルなコミュニケーションを必要とする場面に直面する可能性がある人の総数は、相当な数になると考えられます。

この3つの円を示すことでカチュルが伝えたかったことは、英語を使ってコミュニケーションをとっているのはネイティブ・スピーカーだけではない、ということです。つまり、話者がどの円に属する人であっても、母語が異なる人と人との間でのコミュニケーションでは国際語・世界共通語としての英語 (EIL, ELF) が必要とされるのです。

9.3.2. ジェンキンズの Lingua Franca Core

English が複数形の Englishes になるのはグローバル・コミュニケーションの自然な流れですから、人の手で止めることはできません。しかし、お互いに通じ

ないほどバラバラな英語をみんなが使い始めると、英語が、世界共通語として機能しなくなってしまいます。

　そこで、イギリスの言語学者ジェニファー・ジェンキンズは、英語が共通語として機能するための核 (core) となる音声的特徴を示そうとしました (Jenkins, 2000)。英語を母語としない人同士の音声コミュニケーションを観察し、どこで意思疎通の問題が起こったかを記述していくことにより、「通じる英語」を話すためには何に気を付ければよいかを特定する試みです。英語の発音がネイティブ・スピーカーに近いかどうかという基準ではなく、わかりやすさ・明瞭性 (intelligibility) を基準に、英語が共通語として機能するために守るべき音声的特徴の核 (Lingua Franca Core, LFC) を示した草分け的な試みでした。

　ジェンキンズは、英語のネイティブ・スピーカーも、LFC に気を付けなければならないと述べています。つまり、難なく英語を話せる人でも、英語の聞き取りが得意でない人に思いやりを持って、相手が理解しやすいクリアな音声で話しましょうということです。

9.3.3.「通じる英語」の要素とは

　聞き手の母語が異なると、発音が難しいと感じる音素も聞き取ることができる音素も異なります。世界の人々がどんな場面でどんな英語を話しているかを知る手立てとして、ELF コミュニケーションの場面での音声コーパスを紹介しておきましょう。コーパスとは、コンピュータ上で解析可能な大量の言語データのことです。

　まず、東アフリカ、香港、インド、ジャマイカなど世界の様々な英語変種の書き言葉や話し言葉を集めた ESL コーパスには ICE (International Corpus of English) があります。これは、複数形の "World Englishes" という考え方に賛同する世界各国の研究チームが 1990 年頃から同じコーパスデザインに沿って集めたデータです。ICE の特徴は、英米だけでなく、英語を公用語とする様々な国や地域で使われている英語を対象にしていることです。このうちのいくつかは web 上で音声データが入手可能となっています。「地域によって発音がこんなに違うのだな」ということを実感できると思います。

　ELF の考え方をコーパスに生かしたのは、ウィーン大学の Seidlhofer 教授らによる VOICE (the Vienna-Oxford International Corpus of English) です。これは、49 種類の言語母語話者による、英語での対面コミュニケーション

音声をデータ化したものです。主にウィーン大学の研究者によって手掛けられたプロジェクトですから、VOICE の特徴は、ヨーロッパの言語を母語とする話者による英語を対象にしていることです。コーパスの元になった音声データのうち 20% は web 上でアクセス可能となっていますから、例えば「ドイツ語の母語話者は、こんな風に英語を発音するのだな」という感じをつかむことができそうです。

　最後に、学術的な英語コミュニケーションを必要とする人には、ヘルシンキ大学で実施されている "English as a Lingua Franca in Academic Settings" (ELFA) プロジェクトのコーパスがお勧めです。このコーパスの最大の特徴は、発話のデータが、社会科学、技術、人文学、自然科学のような学術的な専門分野によって分類されていることです。ELF 環境での学会発表で使われる英語はどのようなものなのかなどを知りたい人にはうってつけのコーパスです。

9.4. 日本語英語モデル

　109 ページ Activity 1 の選択肢の最後は「日本語英語モデル」でした。「ジャパリッシュ」「ジャングリッシュ」などとも呼ばれます。日本人が日本人らしい英語を積極的に話せば、やがてカタカナ英語が世界で認められるようになるという考え方（鈴木 , 1999; 渡辺 , 1983）に基づいたものですが、学生にはあまり人気がないようです。

カタカナ発音で英語を話した時に、どんな問題がおきそうですか。

（　　　　　　　　　　　　　　　　　　　　　　　　　　）

Activity 3

9.4.1. 日本人は、本当にシラミを食べると思われるのか？

　上の質問に「言いたいことが伝わらなくなる」と答えた人は多いのではないでしょうか。例えば「/l/ と /r/ の発音の違いをマスターしないと、'We eat rice in Japan.' と言った時に、「日本人はシラミ (lice) を食べるのか！」と勘違いされるというような例が英語教育現場でよく使われます。本当にそんな勘違いが起こるのか、調べてみた結果を紹介しましょう。

　はじめに、次の (1) から (6) の英文を和訳して、下線部に「ご飯・シラミ」のどちらかを入れてください。次に、これらの情報を文字ではなく声で伝える場面

9

を想定してみてください。(1)、(2) は /l/ と /r/ を発音し分けなければご飯なのかシラミなのかが伝わらず、(3)、(4) は "chopsticks, eating"、"powder, killing" という情報のおかげで、たとえ /l/ と /r/ の発音があいまいでも何と言っているのか想像しやすく、(5)、(6) は聞き手が正確に聞き取ったとすると「意味がわからない」と感じるはずです。

表 1. "rice"、"lice" を聞き取った人の割合（%）

英文	ENL	ESL	EFL
(1) I don't want any <u>rice</u>. (＿＿は欲しくありません。)	98	98	82
(2) I don't want any <u>lice</u>. (＿＿は欲しくありません。)	75	78	54
(3) These chopsticks are for eating <u>rice</u>. (＿＿を食べるお箸です。)	100	97	80
(4) This powder is for killing <u>lice</u>. (＿＿を殺す粉です。)	100	95	75
(5) This powder is for killing <u>rice</u>. (＿＿を殺す粉です。)	50	62	55
(6) These chopsticks are for eating <u>lice</u>. (＿＿を食べるお箸です。)	52	62	25

Nakanishi, 2012b.

　調査では、合成音声ソフトで読み上げたこのようなパターンの英文を、ENL 話者 52 人、ESL 話者 63 人、日本在住の EFL 学習者 56 人の 3 グループに聞いてもらい、「話し手は何と言ったと思いますか」という質問をしました。表の右側の数字は、各グループ何 % の人が下線の単語通りに回答したかを集計した結果です。

　まず「日本人は本当にシラミを食べると思われるのか？」という質問に対する答えの目安になるのは、(5) と (6) の正答率です。聞こえた通り「ご飯を殺す粉」「シラミを食べるお箸」と解釈したのは ENL 話者の約 5 割、ESL 話者の約 6 割でした。逆に、これらの問題で「不正解」になった人たちは、聞こえてきた音の情報ではなく、文脈情報を参考にして「お箸で食べるなら rice だろう」「粉で殺すなら lice だろう」と解釈したことになります。つまり、発音が苦手な人が仮に /l/ と /r/ の発音を言い間違えても、半数ほどの聞き手は文のつながりと関連付けて理解しようとしてくれるということです。「英語の発音が悪いから話せない」としり込みするよりは、とにかく声に出して相手に伝える努力をしましょう。

　次に、(1) と (2) の正答率、(3) と (4) の正答率をそれぞれ比べてみてください。ほとんどのケースにおいて、"rice" よりも "lice" を含む文の正答率が低くなっ

ています。このことから、発音の仕方だけでなく単語の「親密度」によっても伝わりやすさが異なるということが想像できます。「親密度」とは、その単語にどのくらい馴染みがあるかということです。つまり"lice"のような普段あまり使わない単語を聞き取ってもらえなくても、それは単に発音の仕方が悪いせいとは限らないということです。話し手と聞き手の持つ文化的背景が異なるグローバル・コミュニケーションの場面では、自分が日常的に使っている語であっても、相手にとっては親密度が低い語である可能性があります。スムーズなコミュニケーションを妨げる要因（ノイズ源）は、実は話し手の発音の悪さではなくて、話し手と聞き手の間で特定の語やフレーズに対する親密度が異なることが要因となっている可能性も大いにあります。「相手はこの話題には馴染みがないかもしれない」という可能性を頭に置いておきましょう。

　最後に、EFL 学習者の正答率のパターンを見てみましょう。ENL 話者や ESL 話者と比べると (1) から (6) すべての項目での正答率が低くなっています。このことから、日本在住の EFL 学習者にとって、/l/ と /r/ の違いは発音し分けることだけでなく聞き分けの面でも難しいということがわかります。ここで重要なことは、EFL 環境では、言い分けや聞き分けを苦手とする音が母語によって異なるということです。シラミの調査では日本語母語話者が苦手とする /l/ と /r/ の違いを取り上げましたが、例えば中国語のように無声音と有声音の違いを区別しない言語の母語話者は /p/ と /b/ の言い分けや聞き分けを難しく感じます。つまり、日本語母語話者なら簡単に聞き分けることができる"pin"と"bin"の区別が中国語母語話者にとっては難しいということです。グローバル・コミュニケーションの場面では、話し手と聞き手それぞれが苦手とする発音が異なる可能性があるということも気に留めておきましょう。もし、相手が /p/ と /b/ の聞き分けを苦手とする人だとわかっていれば、「ほら、ごみを入れる"bin"ね」のように文脈を補って話をする気遣いができるはずです。

9.4.2. カタカナ英語発音は格好悪いのか？

　115 ページの Activity 3 の質問に対して「格好悪い」「相手に対して失礼」「馬鹿にされる」のような意見を出した人もいるかもしれません。これについても調査してみました。次ページのスクリプトの左側は、北米の英語発音 (NE) で話す Emmie と Ken、右側はカタカナ英語発音 (JE) で話すエミとケン用の原稿です。

9

表2. NE と JE の合成音声読み上げ原稿

NE (Speaker 1: Emmie, Ken)	JE (Speaker2: エミ、ケン)
Hello. My name is Emmie/Ken.	ハロウ、マイ ネーム イズ エミ／ケン。
I am 35 years old.	アイ アム サーティー ファイブ イヤーズ オールド。
（中略）	（中略）
My favorite dish is roast beef.	マイ フェイバリット ディッシュ イズ ロースト ビーフ。
I am Speaker 1.	アイ アム スピーカー ツー。

Nakanishi, 2012a より抜粋

Activity 4

上の4人が話すのを聞いたと仮定してください。あなたは Emmie、Ken、エミ、ケンに対してどんな印象を持ちそうですか？次の項目それぞれについて、「そう思う」なら賛成の度合いの強さを「1〜3点」、「そう思わない」なら反対の度合いの強さを「-1〜-3点」として得点をつけてください。

	Emmie	Ken	エミ	ケン
Q1. この人は好ましい。				
Q2. この人と一緒にハイキングに行きたい。				
Q3. この人は頭がよい。				
Q4. この人と一緒に仕事をしたい。				

　実際の調査では 19 の質問をしましたが、ここでは対人魅力を測るための調査（藤森, 1980）で使用された「親密」「交遊」「承認」「共同」という尺度から代表的な質問を1つずつ取り上げました。先ほどの原稿を元に音声読み上げソフトで Emmie, Ken、エミ、ケン 4 種類の音源をつくり、ENL 話者 129 人、ESL 話者 138 人、EFL 学習者 156 人に聞いてもらいました。この調査でも、EFL 学習者として調査協力してくれたのは日本で英語を学ぶ大学生でした。

　次のグラフは、Q1 〜 4 に対する回答の得点平均を話者グループごとに示したものです。グラフ中央の太い横線より上は Q1 〜 4 に対する肯定的な回答、下は否定的な回答を表しています。グレーの棒は NE（北米英語発音：Emmie と Ken の合成音声）、白い棒は JE（カタカナ英語発音：エミとケンの合成音声）に対する評価得点です。

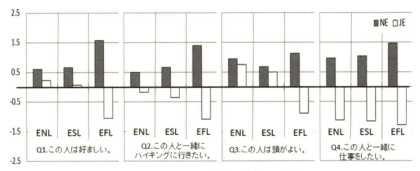

図 3. NE と JE の音声に対する評価

Nakanishi, 2012a より作成

　まず、隣り合う棒のペアすべてにおいてグレーの棒の方が高い得点を示していることから、北米の英語発音 (NE) で話す方が、カタカナ英語発音 (JE) で話すよりも魅力的だと捉えられていることがわかります。つまり、カタカナ英語発音で話す人は対人魅力の面で不利になるということです。

　次に、グローバル・コミュニケーションのどのような場面でカタカナ英語話者が特に不利なのかを探るため、ENL, ESL 話者が JE に否定的な得点を与えた質問に注目しましょう。白い棒が下向きに示されているのは、Q2 と Q4 です。ハイキングに行ったり仕事をしたり、何か行動を共にする場面では、エミやケンのようなカタカナ英語話者は敬遠されてしまうかもしれません。

　最後に、EFL 学習者から見た NE 発音、JE 発音の評価の傾向を見てみましょう。ENL や ESL 話者と比べると、EFL 学習者は NE 発音を非常に高く評価し、JE 発音を非常に低く評価しています。また、Q1 と Q3 において JE 発音に否定的な評価を与えているのは EFL 学習者グループのみです。日本で英語を学習している大学生がカタカナ英語を毛嫌いする様子が感じられますが、実際に英語を使って生活している人 (ENL, ESL 話者) から見ると、カタカナ英語を話すだけで「この人は好ましくない」「この人は頭が悪い」という評価を下すほど、英語発音に対してシビアではないとも言えます。グローバル・コミュニケーションの場面でカタカナ英語で話したとしても、その人の人格そのものが否定されるわけではないということです。

9.5. まとめ

　この章の冒頭で、受験生から「英語が話せるようになりますか?」という趣旨の質問が多く寄せられたという話をしました。この質問に答えるためには、どんな英語を話せば「話せるようになった」と言えるのかを決めなければなりません。本章を読んで、ネイティブ・スピーカーが話す英語がグローバル・コミュニケーションの場面では万能とは限らないということは感じてもらえましたか? それでもやっぱり「ネイティブと間違えられたい」という人は、ネイティブ・スピーカーが話す英語にもたくさんの変種があるということを思い出して、「英語のどんな変種を話す人と間違えられたいのか」ということも考えてみてください。

　また、「話せるようになった」と見なす基準は何なのかということも重要です。英語は ENL だけでなく ESL 話者、EFL 学習者間でも使われる言語ですから、グローバル・コミュニケーションの場面で「話せるようになった」と見なされる基準には、聞き手の理解力や聞き取り力に配慮しながら話す余裕と思いやりという要素も含まれるのです。

　最後に、どうしてもカタカナ英語発音しかできないという人や、日本人として誇りを持ってカタカナ英語を話したいという人は、確かにグローバル・コミュニケーションの場面で不利ですが、カタカナ英語話者の人格すべてが否定されるわけではありません。自分が言いたいことが伝わらない時も、相手が言っていることが理解できない時も、双方向コミュニケーションのどちらかだけが一方的に悪いということはあり得ません。

　今ちょうど大学で英語を勉強している最中の学生から見ると、「標準的」とされる英語発音で話す人に魅力を感じるでしょう。その人と一緒に食事に出かけたりして、あわよくば英語の宿題を手伝ってもらおうというような下心もあるかもしれません。しかし、グローバル・コミュニケーションの場面で、あなたと英語で話をすることになる人は、あなたに英語を教えるために、目の前に現れるのではありません。情報交換や共同作業をするために、たまたま共通の言語として英語が必要になるだけですから、「ガイコクジン=英語の先生」という学習者目線から卒業する必要があります。英語という言語や英語圏の地域に対して単に憧れる英語学習者から、英語ユーザーへの一歩を踏み出しましょう。

あなたは、グローバル・コミュニケーションの場面で、今後、どのような話し手・聞き手になりたいですか？ 想定される場面と、今後気をつけようと思うことを簡単にメモしておきましょう。

<中西のりこ>

10 | ジャンル

10.1. はじめに

　「ジャンル」という単語は皆さん何となく聞いたことがあるでしょう。あらゆる分野で使われています。美術、芸術の世界では作品を分類するために使う言葉です。例えば音楽の場合、ジャズ、ロック、ヒップポップなどのジャンルがあり、それぞれの特徴を持っています。これらの分野で「ジャンル」の分類ができるのは、そのグループに共通している特徴があるからです。絵画の世界では、17世紀から18世紀のオランダで開花した「ジャンル絵画」があります。「ジャンル絵画」の特徴は、それまでの宗教画と異なって、一般の人々の暮らしを描いたということでした。

　では、この章で話題にする、コミュニケーションにおける「ジャンル」とは何でしょう？　美術や芸術で共通の特徴を持っているものを同じグループに分類するように、言語でも同じようなことができます。例えば、友達とおしゃべりする時の言葉と、先生と話をする時の言葉は異なります。また、親しい人たちとSNSで連絡を取り合っている時と、大学に提出するレポートの言葉も異なります。私たちは日常、適材適所で言葉を選んで使っています。それぞれの場面での言葉の使い方の特徴に注目すると、コミュニケーションの形態をジャンルに分類することが可能になります。このような考え方をもっと専門的に追及すると非常に複雑な文書の特徴まで明らかにすることができます。これがこの章で取り上げる「ジャンル」です。例えば、物語、アドバイス、ニュース、社説などのように文書の種類に名前がつくと、1つのジャンルとして見なされます。

Activity 1

以下の文章はどのジャンルに当てはまるでしょうか。

　　　A. 研究論文　　　B. テレビニュース報道　　　C. 日常会話

1. 慣用表現を多く使う人ほど、外国語の読解力が上がるらしいよ。

　　　　　　　　　　　　　　　　　　　　　　　　（　　　　）

---

2. 慣用表現の理解力が高い人ほど、外国語の読解力が高いと ABC 大学
   の研究者が発表しました。　　　　　　　　　　　　（　　　　）
3. 外国語の読解力は慣用表現の知識に依存しているとの研究結果から、
   評価基準の見直しが必要であることが示唆された。　（　　　　）

　上から順に、答えを確認していきましょう。まず、1.の答えは C.日常会話です。実は、一番ジャンルが特定しにくいものはこのような日常会話です（Carter & McCarthy, 1997）。数えられないぐらいの種類に分類できます。例えば、ご近所の方との挨拶程度の会話、友達同士の親しい話から仕事仲間の相手に対して気を遣っての話まであります。

　2.の答え、つまり B.テレビニュース報道のジャンルは、比較的特定しやすいです。ニュースの種類は大体限られているからです。新しい出来事（事件、事故、災害など）、政治経済に関する報道、スポーツニュース、イベントの紹介、三面記事など、それぞれのニュースの語り方があり、よく使用される言葉も大体決まっています。

　では、3.の A.研究論文はどうでしょうか？　内容は専門的になるので一般人にはわかりにくいですが、はっきりとパターン化されており、説明の順序と使う言葉がかなり制限されています。この 3 つのジャンルの中では一番特徴がはっきりしていると言えるでしょう。

　ここで、これらのジャンルを、コミュニケーションの目的別に整理してみましょう。日常会話のような、関係性を構築することを目的とするものは要素が複雑になり、ジャンルを特定しにくくなります。一方、情報伝達が目的であれば、パターン化され構造がより明確になります。伝える内容や順序の形式が決まっている方が中身の情報が取り出しやすくなるからです。例えば、ネットでショッピングをする時には、名前、住所、支払い方法などの情報を売主に伝達することが重要なので、文章ではなく、パターン化されたフォームに書き込みます。

表1. コミュニケーション目的によるジャンルの違い

	非形式的 ⟷		形式的
目的	関係性構築		情報伝達
ジャンル	会話	ニュース報道	研究発表

10.2. ジャンルごとの特徴：情報の順番とヒント表現

　なぜジャンルに注目をするのでしょうか？　答えは、これが言葉を習得する魔法のカギになるからです。ジャンルの特徴のつかみ方がわかれば、難しい専門的な文章の解読法やつくり方までわかります。外国語を学び始める時にはもちろん強い味方になりますが、一番力を発揮するのは難しい専門的な文書に出会った時です。まずは簡単な文書から見てみましょう。

10.2.1. 物語の構造

Activity 2

イソップ物語にウサギとカメの話があります。以下の文章を正しい順番に並べ替えてみましょう。下線のところがヒントになります。

A. <u>The race</u> began and, of course, <u>the hare</u> raced ahead.

B. But when he finally woke up from <u>his nap</u>, he found that <u>the race</u> was over and <u>the tortoise had won</u>.

C. <u>Once there was a hare</u> who was the fastest among all the animals.

D. He was so fast that he decided to take <u>a nap</u> to wait for <u>the tortoise</u>.

E. To the surprise of all, <u>a tortoise accepted the challenge</u>.

F. <u>He boasted</u> about how fast he could run and <u>challenged</u> the other animals to <u>a race</u>.

G. Moral: Idleness can ruin ability; perseverance can win over ability.

(　　 → 　　 → 　　 → 　　 → 　　 → 　　)

　このイソップ物語の流れは以下のように説明できます。

表2. イソップ物語の分析

<u>Once there was a hare</u> who was the fastest among all the animals.	**物語の状況設定**："once" は物語の始まりによく使用される単語です。はっきりした時間や場所を特定しません。また、初めて登場する hare は "a hare" になっています。
<u>He boasted</u> about how fast he could run and <u>challenged</u> the other animals to <u>a race</u>.	**問題が起きる**："boasted"「自慢する」は問題が起きることを予告しています。ある競争 "a race" に誘います。また、代名詞の "he" が使用されるようになっています。
To the surprise of all, <u>a tortoise accepted the challenge</u>.	**話が進む**：前の文章にある "challenged" に対して、「挑戦を受ける」ことで話が進みます。
<u>The race</u> began and, of course, <u>the hare</u> raced ahead.	**話が進む**：前の文章にある "a race" が特定できるものになったので "the race" になっています。
He was so fast that he decided to take <u>a nap</u> to wait for <u>the tortoise</u>.	**話が進む**：ここで "a nap" が初めて登場します。次の文章は "his nap" になっています。
But when he finally woke up from <u>his nap</u>, he found that <u>the race</u> was over and <u>the tortoise had won</u>.	**教訓に繋がる終わり**
Moral: Idleness can ruin ability; perseverance can win over ability.	**教訓**

　修辞学的な構造と使用表現に注目して物語の文書をこのようにまとめたのは、Gibbons (2002) です。この方法は小学生の言語教育に利用されています。一般的な物語では orientation（状況設定）、events（出来事）complication（問題）、resolution（解決）の流れがあります。状況設定では once; once upon a time; long, long ago など、はっきりしない時間と場所でスタートします。登場人物（あるいは動物など）の紹介の後に様々なことが起き、問題が発生し、解

10

決して終わります。このイソップ物語の場合は「解決」ではなく「教訓」に結びついていますが、ほかの多くの物語も同じような順序で場面展開し、物語というジャンルを特徴づけています。

10.2.2. アドバイス文書の構造

別ジャンルの文書に挑戦してみましょう。以下の文書はアメリカ FDA（アメリカ食品医薬品局）の Key Nutrients and Your Health（重要な栄養素とあなたの健康）という文書です。元の順番に並べ替えてみましょう。

Activity 3

A. Dietary fiber also helps prevent constipation and provides a feeling of fullness, which may help you eat less and stay satisfied longer.（食物繊維のその他の効果）

B. Dietary fiber is a type of carbohydrate found in plant foods that cannot be readily digested.（食物繊維の定義）

C. Diets higher in dietary fiber can reduce the risk of developing cardiovascular disease. Dietary fiber interferes with the absorption of dietary fat and cholesterol, which can help lower low-density lipoprotein (LDL or "bad") cholesterol levels in the blood.（食物繊維がなぜ重要か）

D. Dietary fiber slows the rate at which carbohydrates and other nutrients are absorbed into the bloodstream. This can help control the level of blood glucose (often referred to as blood sugar) by preventing rapid rises in blood glucose following a meal.（食物繊維の機能）

(　　　　→　　　　→　　　　→　　　　)

では、右ページの答えを見ながら、順番のヒントとなる表現を探しましょう。下線の部分に注目しましょう。

表3. FDAの文書の分析

Diets higher in dietary fiber <u>can reduce the risk</u> of developing cardiovascular disease. Dietary fiber <u>interferes with</u> the absorption of dietary fat and cholesterol, which can help lower low-density lipoprotein (LDL or "bad") cholesterol levels in the blood.	食物繊維がなぜ<u>重要か</u>：多く摂取すると循環器疾患の予防になる。脂肪やコレステロールの吸収を妨げる。
Dietary fiber <u>is a type of</u> carbohydrate found in plant foods that cannot be readily digested.	食物繊維の<u>定義</u>
Dietary fiber <u>slows the rate</u> at which carbohydrates and other nutrients are absorbed into the bloodstream. <u>This can help control</u> the level of blood glucose (often referred to as blood sugar) by preventing rapid rises in blood glucose following a meal.	食物繊維の<u>機能の説明</u>
Dietary fiber <u>also helps prevent</u> constipation and <u>provides a feeling of</u> fullness, which may help you eat less and stay satisfied longer.	<u>他の効果</u>：便秘予防と満腹感を与える

http://www.fda.gov/nuritioneducation より抜粋

　このようなアドバイスの文書の場合、重要であることを述べてから、定義、機能に加えて、その他の効果について説明をします。文書の種類によって、情報の順番が大体決まっていて、各文章の役割がわかるような表現が含まれています。

10.2.3. 研究論文の構造
　最後に、論文の要旨の分析に挑戦しましょう。要旨では研究トピックの重要性、今回の研究の目的、研究方法、結果、結論と応用の順番に説明します。

以下の要旨の文のヒント表現を参考に元の順番に並べなおしてみましょう。（要旨は Tojo et al., 2014 から）

A. Our findings have pedagogical implications and should also contribute to …
B. Based on observations during a manual tagging process, we hypothesized that …plays a key role in …
C. In this study, we first defined …
D. The oral research presentation is an important genre in science and engineering fields.
E. Our analyses revealed …
F. To help nonnative English speakers become better able to listen to and prepare research presentations, we tried to define…

(　　→　　　→　　　→　　　→　　　→　　) 　(答えは P.136)

10.3. ジャンルと ESP

　場面によって使われる言葉を研究すると、もっと正確に特徴を明らかにしていくことができます。このような研究は 1950 年代から 1960 年代に始まった ESP（English for Specific Purposes、目的別英語）の考え方がベースにあります。ヨーロッパでは英語に限定した ESP ではなく、LSP（Language for Specific Purposes、目的別言語）という表現をよく使います。

　Johns (2013) は現在までの ESP 研究を 3 つの時代に整理しました。混沌とした The Early Years: 1962 ～ 1981、基本概念が導入された The More Recent Past: 1981 ～ 1990 と、今主流となっているジャンルとコーパス言語学による研究の The Modern Age: 1990 ～ 2011 です。これら 3 つの時代について、少し詳しく見てみましょう。

10.3.1. ESP 初期 (The Early Years)
　第二次世界大戦後、イギリスは植民地、特に中近東などを失いました。これ

によってイギリスは、教育システムを利用して植民地の人々に英語を強制的に学ばせることができなくなりました。しかし、イギリスとしてはこれらの国々との貿易の必要性を感じていたので、資源発掘に関わる技術者や貿易に従事するビジネスマン（当時はほとんどが男性）に英語を学んでもらうために若い教師たちを派遣することにしたのです。この人たちは現地での英語教育に苦労しました。それまでの文学的な外国語教育のやり方では目標に達することができず、徐々に学習者のニーズに応えるような教育を探るようになりました。例えば、技術者が仕事で必要な英語を使えるように、Bates と Dudley - Evans が 1976 年 から 1980 年 まで Nucleus: English for Science and Technology という教科書を出版しました (Johns, 2013)。

　同時代には科学技術の大きな進歩がありました。1957 年 10 月 4 日に旧ソ連が世界初の人工衛星の打ち上げに成功したことをきっかけにアメリカ合衆国との宇宙開発競争が始まりました。科学技術の発展とともにコンピュータの開発も進み、コンピュータ言語が英語で構成されていたことにより、英語の国際化が加速しました。つまり、第二次世界大戦後に科学技術を発展させていくために、英語を扱うスキルがますます重要になったのです。

　このような現象を見て、1964 年に Halliday, McIntosh と Strevens は、外国語教育について以下のように述べています。

"There is no reason why the student of a foreign language should be required to study 'the whole language', which, in any case, is an aim impossible of achievement…nor why he should study certain registers (such as the language of literature) if his need is for quite other ones." (Halliday, McIntosh & Strevens, 1964:174-175)

　すなわち、それまでのように文学作品や英語全般を取得することを目指す必要はないということです。外国語を学ぶ学生にとって、新しい言語をすべて習得することは不可能であると言い切っています。もしその言語が仕事に必要であれば、使用したい"registers"のみを学べばよいのです。この"registers（使用域、あるいは特定文書の種類）"がこの章で取り上げている「ジャンル」です。

"Registers"、「ジャンル」という表現の違いは ESP の分野の進歩に関係があります。1960 ～ 1970 年代ではまだ "ESP" という統一表現がなく、様々な表現が使用されていました。例えば、"register analysis（レジスター分析）"、"rhetorical and discoursal aspects of science and technology texts（科学技術文の修辞的・談話的特徴）"、"study skills and needs analysis（勉強方法やニーズ分析）" などがありました。このように学習者のニーズに応えるような発表が多かったので、Johns (2013) は、ESP の研究について書こうと思うとどこからスタートすればいいかがわかりにくいと指摘しています。

10.3.2. ESP 第二期（The More Recent Past）

第二期は Swales が 1981 年に発表した *Aspects of Article Introductions* で始まりました（Swales, 1981）。その後 1990 年までの転換期のこの 10 年は、科学技術に偏りかけていた ESP の研究内容をもっと広げようとすると同時に、基本的な概念を確立しようとした時代です。例えば、English for academic purposes（学業のための英語）、English for vocational purposes（職業用の英語）や English for business purposes（ビジネス英語）などへと視野を広げ、学習者のニーズに合わせた効果的な英語教育を目指すようになりました。これらを実現するにはそれぞれの英語の特徴をつかむ必要がありました。そのため、例えば、論文中の動詞の時制や授業中の代名詞の使い方や、学習者のノートの取り方、辞書の使い方なども研究対象となりました。

この時期に「ジャンル」という言葉と概念が登場します。1981 年に Swales が発表した概念は、言葉表現と筆者の意図としていることとを結びつけるもので、ESP の分野を発展させる画期的なものでした。例えば論文のイントロダクションの部分では、読み手がそれを理解できるヒントになるような表現を使って、意図的に文書が組み立てられる(rhetorical moves) と Swales は説明しました。結果的に、今までの表面的な文法の特徴の分析などと違って、書き手が、何を、どのように読み手に伝えるかという手段を研究者に提供したのです。この 1981 年の論文から研究を重ね、Swales は 1990 年に *Genre Analysis* という著書を発表しました（Swales, 1990）。1990 年以降には、多くの研究者が「ジャンル分析」を利用し様々な種類のテクストを分析し、国際ジャーナルの発展と設立 (Journal of English for Academic Purposes, JEAP) に貢献しました。

10.3.3. ESP 第三期 (The Modern Age)

以下の頭字語は何を指すでしょうか。

1. ESP = English ＿＿＿＿ ＿＿＿＿＿＿＿ ＿＿＿＿＿＿＿
2. EVP = English ＿＿＿＿ ＿＿＿＿＿＿＿＿＿ ＿＿＿＿＿＿＿
3. EBP = English ＿＿＿＿ ＿＿＿＿＿＿＿ ＿＿＿＿＿＿＿
4. JEAP = ＿＿＿＿＿＿＿ ＿＿＿ English ＿＿＿ ＿＿＿＿＿＿＿
＿＿＿＿＿＿＿
5. ELF = English ＿＿＿ ＿＿ ＿＿＿＿＿＿＿ ＿＿＿＿＿＿＿

　ESP の第三期では第二期のジャンル理論の提示があったお陰で、多くの研究が開花しました。研究論文の発表だけではなく、教材や教育法の開発も盛んになりました。また、コーパス言語学の発展とともに intercultural rhetorics や English as a lingua franca（共通語としての英語 , ELF）の研究が可能になりました。

　1980 年代に University of Birmingham で John Sinclair が現代英語の電子データベースを構築し、1987 年に Collins から学習者のための COBUILD Dictionary が出版されました（Collins, n.a.）。この辞書は、実際に使用されている言語のデータベース（コーパス）をもとに言葉の意味を説明した最初のもので、学習者が理解しやすいように工夫されていました。例えば、COBUILD Dictionary では "would" は以下のように説明されています。

Would is a modal verb. It is used with the base form of a verb. In spoken English, **would** is often abbreviated to **'d**.

1. modal verb

You use **would** when you are saying what someone believed, hoped, or expected to happen or be the case.

No one believed he would actually kill himself.

Would he always be like this?

Once inside, I found that the flat would be perfect for my life in

Paris.

He expressed the hope that on Monday elementary schools would be reopened.

A report yesterday that said British unemployment would continue to rise.

I don't think that he would take such a decision.

https://www.collinsdictionary.com/ より抜粋

この辞書では、まず、省略形で使用される頻度が高いことについて説明があり、そのあとの 22 の定義の 1 から 21 番目までは modal verb（法動詞）であることを明記し、コーパスからの例文を提示しています。一方、それまでの辞書では、"would" は "will" の過去形の動詞であるという説明から始まり、古典的な定義が最初に来るのが一般的でした。

このように、辞書をよく使う人たちのことを一番に考えて書かれた COBUILD のような辞書が今の辞書の主流になっています。三省堂のウィズダム英和辞典のサイトには、以下のように書いてあります：

コーパスとは「（特定の種類・作家の文書［資料］の）集大成、集積」をさす。現在では、大量に収集したテキストデータをコンピュータで解析可能なかたちにした、いわゆるコンピュータコーパスをさすことが多い。辞書の編纂においては伝統的に、用例カードなど何らかのかたちで「コーパス」的な資料が用いられてきたが、1980 年代後半から英国ではコンピュータコーパスを利用して大量のデータを扱うようになった。現在、英国では学習英英辞典のほとんどがコンピュータコーパスを用いて編纂されたものになっている。日本国内でのコーパス利用は遅れたが、独自にコーパスを構築した上で編集最初期の段階から全面的にそれに依拠して編纂された学習英和辞典としては、『ウィズダム英和辞典』（初版：2002）が初めてのものである。

wisdom.dual-d.net/we_corpus.html より抜粋

10.4. ジャンル研究の近年の動向

ESP の第三期は 1990 年から 2011 年までであったと Johns（2013）が紹介しています。では、現在の状況はどのようになっているでしょうか？ 引き続き、ジャンルを中心に研究が続けられています。また、上記で紹介したコーパス利用がますます重要になってきています。そして、新しい方向性として ELF（English as a Lingua Franca）が注目されています。

10.4.1. コーパス言語学の貢献

コーパスは「生きたことば」の学びに貢献しただけではなく、言語研究全般の貴重なツールになりました。特に ESP の分野では実際に使用されている言葉を研究し、教材や教育法を開発するため、コーパスは欠かせないものになりました。これを可能にしたのは簡単に利用できるコンコーダンスソフトでした。

1980 年代になると、自宅にあるパソコンレベルでもコーパス検索ができる KWIC（keyword-in-context）コンコーダンスソフト Micro-concord が発表されました。その後、様々なソフトが発表されました。例えば、Micro-concord をベースにした Wordsmith がリバプール大学の Mike Scott から発表され、後には Oxford University Press から販売されるようになりました。

2000 年代になると無料のソフトが出始めました。その中では、Windows, Mac, Linux 版がリリースされている AntConc（Anthony, 2014）と、Mac で使える CasualConc（Imao, 2017）がよく知られています。

表4は AntConc を利用し、オープンアクセスジャーナル 10 篇のミニコーパスから however の使い方を検索した結果です。この 10 篇の論文のすべてにおいて however が複数回使用されており、全体で 46 回でした。以下のサンプルで見られるように、文頭で使用されるケースが全体の 80％を占めています。また、文中で使用された場合、前にはセミコロンかコンマがあります。さらに、however の後にはコンマが来ます。このように、KWIC を使うと、論文というジャンルでの however の使い方を併せて調べることができるのです。

表4. AntConc による論文ミニコーパスの KWIC サンプル

for cardiac-regeneration purposes; however, the optimal cell lineage
a certain oncogenic risk?[23]. However, pharmacologic expansion of
applicable in clinical studies. However, another recent study found
turmerone to promote neurogenesis. However, after FGF2 discontinuation
option for terminal ANFH; however, owing to poor prosthetic
is of minimal invasion. However, the efficacy of this
for hip joint replacement?[6]. However, the technique is more
the treatment of ANFH. However, these studies are only
beneficial to the disease. However, the efficacy of this
mage and subchondral fracture?[1]. However, the clinical failure rate

10 research articles from Directory of Open Access Journals,
4,887 word types, 52,664 word tokens

　これが論文ジャンルの特徴であると言えるのは、ほかのコーパスと異なる結果が表れるからです。例えば、最新の理系ニュースの Nature Podcast のコーパスでは、先ほどと文書のサイズは同じぐらいなのに、however が文中で使用される例が一回しか見つかりませんでした。また、表5で見られるように、イソップ物語の文学作品ではほとんどの however は文中にあります。

表5. AntConc によるイソップ物語のコーパスの KWIC サンプル

in it, ate greedily. Their feet, however, became so smeared with the
eatment. War was again proclaimed, however, and when the trumpet summo
them for their pains. The Wolf, however, did truly come at last. Th
boat, and not a ship. When however it reached the beach, they
to impute their calamities to me, however much by their own folly the
etermined to make himself a house. However when the summer returned ag
to abide by his decision. Momus, however, being very envious of the
o avenge them. A just retribution, however, quickly fell upon the Eagl
the pig to squeak. The Crowd, however, cried out with one consent
der the pretense of purchasing it. However, when the Horseman got the
would find him dead. The Panther, however, when he had recruited his
that I would not have promised, however much I knew that I must

300 Aesop's Fables from Project Gutenberg site,
4,439 word types, 37,502 word tokens

Activity 6

論文のコーパスの中から、ある単語を検索しました。その単語は何でしょうか？

```
          documented. In the present  _____, we first compared the
         regeneration in the present  _____. The bone graft provides
              MSCs?[26]. In the present  _____, MSCs of rat origin
   collapse. Conclusion The present  _____ showed that the implantation
             heart. In the present  _____, we compared the immunophenotypes
     . Discussion    In the present  _____, we compared the differentiation
              the gut. Our previous  _____ thus focused on structurally
            result of a prospective  _____ of autologous bone marrow
   studies. However, another recent  _____ found good bioavailability of
             mediators. In a recent  _____, the stimulatory effect of
```

(   ) (答えは P.136)

10.4.2. ELF (English as a lingua franca)

　ここで、最近 ESP の分野でも注目されている ELF について考えてみましょう。専門英語は仕事やアカデミックな場面で使用されるので、間違いなく情報が伝わらないといけません。しかし、今では英語母語話者より非母語話者の方が圧倒的に多く（Seidlhofer, 2011）、正確に情報伝達できるかが問題になることがあります。しかし、ELF は教育を受けたネイティブスピーカーの完璧な英語ではなくても、必要に応じて目的を達する程度の英語を使用できるようになることを目指します。そこで、コミュニケーションが必要な場面でのジャンルの特徴がわかれば、それに合わせて情報を発信できます。例えば、128 ページの Activity 4 に掲載したような専門分野の論文の要旨では、研究背景、目的、方法、結果、結論と応用という順番で説明をすれば、このパターンに慣れた読者には理解しやすくなります。情報の受け手も英語の母語話者ではない可能性の方が高い ELF コミュニケーションの場で、上手に正確に情報を送受信できるようになるには、ジャンルの特徴を利用することが役立ちます。

10.5. まとめ

　グローバル社会では共通のコミュニケーション手段として英語が必要不可欠です。しかし、英語のすべてをマスターする必要はありません。自分の仕事や興味のあることに利用するジャンルに絞って学ぶと効率よく習得できることになります。例えば、学者であれば、研究論文のジャンル、ビジネスパーソンであれば、ビジネスメールやセールストークなどを学べばよいでしょう。つまり、ニーズ分析によって必要なジャンルを特定して、ジャンル分析の手法を利用して必要な情報の内容と順番を観察するのです。また、コーパス言語学のツールを利用して多用される表現をピックアップすれば、文法や句読点の使い方まで習得できます。最後にはネイティブスピーカーの英語を目指すのではなくELFでジャンルを上手に利用して、ノイズを最小限に抑えれば、情報の送受信ができるようになるはずです。

　最後に、自分にふさわしいジャンルを特定し、効率よい言語習得を目指すために、ジャンルの重要な3要素を紹介しておきます (Noguchi, 2006)。

・Action（社会へのインパクト・社会を動かす力）

　例えば、広告という文書の中に何らかのノイズが混じると、消費者の購入行動を促すことができなくなってしまいます。自分が社会に向けてどんな情報を送受信するための言語を必要としているのか、よく考えましょう。

・Substance（その文書が持つ内容）

　例えば、SNSのような不特定多数が匿名で発信することができる情報の中には、内容の信ぴょう性が問われるものも含まれています。情報を受信する時には、思い込みや偏りのようなノイズが入った情報でないか、発信源を確かめましょう。情報を発信する時には、誤解を招く内容や表現になっていないか、気をつけましょう。

・Form（そのジャンルの言語的な特徴）

　例えば、研究論文とビジネスメールでは使われる単語も文章の構成も異なります。文法のミスやフォーマットの間違いだけでなく、ジャンルが異なると言語的な特徴も異なるということを頭に置いておきましょう。

● Activity 4 (p.128) の答え：D, F, C, B, E, A
● Activity 6 (p.135) の答え：study

Let's Try

1. 自分にとって必要なジャンルはどのようなものでしょうか。そのジャンルのコミュニケーションの目的、受信する相手、情報の内容を述べましょう。

....

....

....

....

....

....

....

....

....

2. ELF でのコミュニケーションを想定してみてください。クラスメート同士でも一種の ELF と言えます。その時、言語のスキル不足はどのように補えばよいでしょうか。

....

....

....

....

....

....

....

....

<野口ジュディー津多江>

10

11 | 多文化共生

11.1. はじめに

　皆さんは「多文化共生」という言葉を聞いたことがありますか。「移民や難民の話?」、「いろんな国の人と暮らすってこと?」といろいろなことを考えると思います。この章では、多文化研究についての概念とキーワードを紹介し、目指すべきグローバル・コミュニケーションを多文化共生の視点から考えたいと思います。

　多文化共生の活動について様々な取り組みが民間・自治体レベルでなされていますが、政府レベルでは総務省が、平成18年の推進プランの中で多文化共生の理念をこう記しています。

> 「国籍や民族などの異なる人々が、互いの文化的な違いを認め合い、対等な
> 　関係を築こうとしながら、地域社会の構成員として共に生きていくこと。」

　ここに2つの基本的理念が描かれていますが、1つ目の理念は、「それぞれの文化集団は対等な立場で扱われるべき」という「多文化主義」の理念です。

　「そんなの当たり前じゃないか」と思うかもしれませんが、文化に上下差はなく対等な価値があるという「文化相対主義」を下地にしているこの考え方は、現実の社会で受け入れられているかというと残念ながらそうとは言えません。「人種差別、白人至上主義、エスノセントリズム（自文化中心主義）、ジェノサイド、エスニック・クレンジング（民族浄化）」などという言葉を耳にしたこともあると思いますが、人種、民族、文化をめぐる問題には終わりがありません。そして、ある人たちにとってこれらの言葉は単なる「言葉」ではなく、日々、命がけで向き合わなければならない辛い現実です。

　2つ目の理念は、「地域社会の構成員として共に生きていく」ということです。

　これは、私たちの周りに「外国人」がただ一緒に住んでいるということではなく、様々な文化背景を持った人たちが、地域社会で平等に積極的に関わる機会を与えられて生活ができるという"平等性"と"積極性"に重きが置かれています。

例えば、私たちの暮らす住環境の中で、異なる文化を持った人々と自由に積極的に触れ合う機会が当たり前のように存在しているでしょうか。公園でいろんな子供たち同士が国籍や肌の色を気にせずに遊んだり、異なる人種のお母さんたちが笑いながら会議に参加したりできているでしょうか。また、市の行政や学校のPTAの役員に、外国から来た人が入ることのできる余地はあるでしょうか。これらは「地域社会の構成員」という言葉の、ほんの一例です。

　また、もう少し見方を広げてみましょう。「多文化」というと、どうしても「外国」というイメージが浮かぶと思いますが、近年では、国内の身近な人たちが感じる異なった文化も「多文化」の中に含むべきだという考え方が主流になってきました。例えば、若者と中年などの年齢差、宗教の違い、LGBTなどの性指向も文化として捉えるという見方です。初めて聞くという人もいるかと思いますが、異なる価値観を持つグループを、「文化」として見るべきだと考える人たちが増えています。

Activity 1

私たちの周りには「日本文化」や「食文化」など、「文化」という名前のついた言葉が数多くありますが、「〜文化」とつくものを考えられるだけ挙げてみてください。(「〜カルチャー」と呼ばれるものでも結構です)。

(　　　　　　　　　　　　　　　　　　　　　　　　　　　　　　　)

　「文化」についてどんな言葉が出てきましたか。例えばこのような言葉でしょうか。「伝統文化、芸術文化、食文化、生活文化、都市文化、農村文化、和風文化、大衆文化、若者文化、オヤジ文化、会社文化、宗教文化、スポーツ文化、男性文化、女性文化、LGBT文化、マイノリティー文化、元禄文化などの歴史文化、無形・有形文化、サブカルチャー、ポップカルチャー」など、様々な言葉が挙がったと思います。

Activity 2

では、皆さん自身はどのような文化に属しているか、グループで考えてみてください(ほかの人に言える範囲で結構です)。また、ここまで「文化」という言葉を使ってきましたが、皆さんは「文化」という言葉をどう定義するでしょうか。

いかがでしたか。自分の属している「文化」が意外と多いことに気付かれたかもしれませんね。定義の方はどうでしょうか。文化についての定義はすでに数多く存在していますが、多文化共生の視点から定義するとしたら、このような定義はどうでしょうか。

　「あるグループの人たちが、社会生活の中で当り前のこととして大切に踏襲してきた価値観やものごと。また、ほかのグループから見て、特別で固有のものとして捉えられ得るもの。」

　例えば日本の場合、お辞儀の仕方、安心できるパーソナル・スペース（対人距離）の取り方、名刺交換の仕方、あまりものをストレートに言わないことなどは、ある一定の年齢になったら知っていて当たり前のことと捉えられると思います。しかし、「当たり前」に見えることも、あるグループの社会文化から見ると、特異な行動や価値観に見えているかもしれません。

　このような違いを「異なる文化」として認識することはまず大切なことですが、あまりにも違いを強調し過ぎると、それが、ステレオタイプや偏見、差別に至る場合もあります。

　多くの文化の多様性と人権を守り、共に積極的に関わり合いながら平和的に生きるためにはどうしたらいいのか。そんなことを考えていくのが多文化共生です。世界の一部である日本という国に住む私たちが、どうしたら地球市民として社会に貢献していけるのか、一緒に考えていきましょう。

11.2. 多文化共生が目指すもの：コミュニティーと第3の文化

Activity 3

自分がよく知っていると思う人とペアをつくってください。まず、お互いに似ていると思われる点を 10 個探してください。次に、似ていない、自分とは違うと思う点を 10 個、相手に伝えてください。最後に、相違点を挙げていた時に、どんな気持ちや感情を受けたかについて話し合ってみてください。

　いかがでしたか。似ている点と異なる点を挙げている時にどのような気持ちになりましたか。似ている点については楽しく、笑顔で答えられたのではないでしょ

うか。しかし、似ていない点では、なんとなく寂しいような、嫌な気持ちがしたのではないかと思います。

特に多文化の人とよいコミュニケーションを持つためにまず大切なのは、相手を自分と同じ「一人の人格ある人間」と捉え、違いよりも似ている点や趣味・趣向などの共通項を多く見つけることです。「多文化共生」と聞くと、何か大きなことをしなければいけないような気持ちになりますが、その一歩は、目の前の一人から始まります。

そして、周りの人たちと輪を広げ、安心できるコミュニティーの中に招き入れることが理想です。多文化共生が絵空事ではなく、実現のためには、「**異なる背景や文化を持つ人同士が、自由で安心できるコミュニティーの中で、互いに支え合える隣人（友人）のような地域生活環境づくりに積極的に参加できる**」ようにサポートすることだからです。

もちろん、「全員と友だちにならなければ！」と気負う必要はありませんし、職場なら、あくまでも仕事上の関係をよく保つためのコミュニケーションに気を配るということで十分だと思います。しかし、もし隣人・友人のように近い存在になることができたら、きっとお互いに目が開かれるような体験をするはずです。「日本人はみんな○○だと思っていた。でも、あなたを知ってからそれが間違いだったと気付いた」とか「今までムスリムの人は遠い存在だったけど、あなたのおかげでものの見方が変わった。すべては理解できないけど、どうしてそう感じるかが少しわかったと思う」というような発見と歩み寄りが起こり、お互いの人生が豊かになるのではないかと思います。

11.2.1. 相手を知ることは自分を知ること、そして、違った何かが生まれること

違った文化背景を持つ人との付き合いの中で生み出されるものは、「相手を知る」ということだけではありません。「自分をよりよく知る」ことができるというメリットがあります。

筆者はアメリカの大学で教え、毎年夏に学生グループを連れて日本に研修に来ていたのですが、出発前のオリエンテーションでこう話しました。「この研修を通じて日本のことをよりよく知るのはもちろんだけど、それ以上に気付くのは、"アメリカ人としての自分"ということかもしれないよ」。

最初は「そうかな?」という顔をしていましたが、研修旅行から帰ってくる

と、「自分が誰か、前よりわかったような気がする」とか「今の自分は以前の自分とは違う」と話したりしていました。今まで当たり前に思っていた世界は「自分にとってウチの世界」であり、「ソト」には多様な文化と価値観があることを知り、自らの異質性を感じたことでこのような気付きを得たのだと思います。

　皆さんも外国から来た人に「日本人はどうしてお辞儀をするの?」とか「麺類を食べる時にどうして音を立てるの?」などと聞かれて答えに窮したことがあると思いますが、異文化の人と接することによって、知らなかった自分を発見する機会が生まれます。

　また、違った価値観に触れることによって得られる別な側面は、自分がもはや"純粋な"日本人やアメリカ人ではいられなくなることです。先に挙げたアメリカ人の学生たちは、日本文化に触れ、日本人の価値観を知り、自分の心の中に「日本」という違った文化を迎え入れたことによって、文化が彼らの心を変容させました。それは、たとえ小さな規模でも、確かに「acculturation（異文化適応・文化変容）」のプロセスだと言えます。しかもその変容は、アメリカ人の学生たちだけではなく、彼らと触れ合った日本人の心の中にも多かれ少なかれ起こった変化でもあります。ということは、違った文化人同士が積極的にコミュニケーションを図るなら、「自文化」・「他文化」という域を越えた「第3の文化」が社会や自分の中に生み出される可能性があるのです。それはまるで、様々なスパイスが加わってできた無国籍料理のように、新しい世界を開く料理のようなものではないかと思います。そんな未知の可能性が、異なる文化の人たちとの交流で起こり得ます。どちらかを選ぶのではなく、どちらも選ぶことによって第3の道が開かれる。それが多文化共生から生まれるもう1つの点です。

11.2.2. 複眼的視点から見た価値観と優先順位

　先に「目の前の人を一人の人格として捉える」と書きましたが、社会学者のSamovar (2013) は「人間は同じだが、違う。違うが、みな同じという**複眼的視点を持つことが大切だ**」と述べています。

　人間ですから誰でも、疲れたり、空腹になったりしますし、喜怒哀楽の感情があります。私たちは当たり前のように外国の映画を観て感動したり、考えさせられたりしますが、もし人種によって感性が全く異なる存在になるとしたら、違う文化でつくられた映画に感動したりできなくなります。同様の感情や価値観がある

ため、「感謝する、尊敬する、家族を愛する、悪に対して腹を立てる」などの価値観を共有することは可能です。

　ということは、「文化差」というのは、たとえ同じ人間同士でも、どの価値観により多くの重きを置くかという「優先順位の違いの表れ」だと言えます。例えば、対人関係において「ポライトネスと親しさ」のどちらに重きが置かれるのか、「単刀直入にものを言うことと建前を使う」ことがどの場面でより優先されるのかなど、価値観の優先性の違いだということです。

　どちらがよいか悪いかでは割り切れない価値観のバランスの中で、ある文化ではより多くの人が一方を選び、文化がつくり上げられているという構図になります。このような優先順位の違いが「カルチャーショック」や「文化摩擦」につながり、「あなたは〇〇人だから、私の考えていることはわからない」というような思い込みの構図が生まれる原因にもなります。

11.3. 多文化共生を主眼に置いたグローバル・コミュニケーションの実際

11.3.1. 相手の文化価値志向を知的に把握する

　社会学者のエリン・メイヤーは『The Culture Map』という本の中で、文化を理解するために8つの価値観の指標を提唱しています。この指標により、世界の主な国の文化的価値志向を「何となくこう感じる」という肌感覚ではなく、数値で可視化しています。以下がその8つの指標です。

　①コミュニケーション（ローコンテクストかハイコンテクストか）、②評価（直接的なネガティブ・フィードバックか間接的なネガティブ・フィードバックか）、③説得（原理優先か応用優先か）、④リード（平等主義か階層主義か）、⑤決断（合意志向かトップダウン式か）、⑥信頼（課題ベースか関係ベースか）、⑦見解の相違（対立型か対立回避型か）、⑧スケジューリング（直線的な時間か柔軟な時間か）。

　メイヤーは「自らが外の世界に出るか外部の人に教えてもらうことによってしか金魚は水の中にいることを自分では気付かないように、人間も外部との交渉がない限り、自己の文化を認識するのは難しい」と述べています。私たち個人の考えや行動が、いかに「culturally-bound（自己文化による行動制限）」があるかを知らない限り、無意識の内に相手を自分の文化の物差しで測り、エスノセントリッ

クな見方しかできなくなってしまいます。

11.3.2. 感情や価値観などの同様の概念が、どのように表層されているかを探る

　海外駐在の長い方々に話を聞くと、「優秀なビジネスパーソンは、顧客との間に自分と似たものを探す名人が多い」と言います。Activity 3で、グローバルな環境で互いの共通点などを探すことの意義について書きましたが、それをもう一歩進め、価値観や思考様式である「深層文化（目に見えない文化）」が、どのように「表層文化（目に見える文化）」に現われているかを探ることの意義について考えましょう。

　例えば、相手が「感謝」という共通の価値観を表現する際、その文化ではどのような表現方法があるのか調べてみます。また、何かに失敗した時に、どのような解決策を取るのが尊敬される行動かを学ぶのも一例です。そして、日本社会をよく知っている人に尋ねる機会があるなら、日本的な「謝罪」は相手の国の文化でどのように受け取られるのかを尋ねることによって、相手の文化の中で日本的な謝罪という深層の概念がどのように表層する可能性があるかを予測することができます。

　私たちの価値判断は目に見える表層文化に基づくことがほとんどですが、その根底にある気持ちが、他の文化ではどのように翻訳されて理解されているかという"translatability"を知ることが大切です。

11.3.3. 傾聴する、共感する

　「傾聴」という言葉を聞いたことがありますか。カウンセリングの手法で、相手が話したいことをそのまま受け取り、質問やアドバイスなどをできるだけ入れずに聴く方法です。相手に自由に安心して話してもらい、沈黙しても待ち、「わかったつもり」にならず、相手の心を理解するために聴きます。

　海外に多数の日系企業が入っていますが、優秀なエグゼクティブは、直属の部下にはもちろんのこと、工場ではたらいている現地労働者と定期的に話を聞く機会を持っているそうです。異文化のマネジメントチームが入ってくると、不安や誤解や不満が多く出てきます。しかし、傾聴し、心にたまったガスを抜くことによって、相手との信頼関係が築き直され、仕事がスムーズに行くという話をよく聞きます。

心で聴く時にどんなことに集中したらよいのでしょうか。それは、「共感（empathy）」です。「完全に理解できなくても、理解したいのだ」という思いを伝えることです。心理学者のアイゼンバーグは「他者の立場に立ってものを見、その人の気持ちや感情に情緒的に反応すること」と述べています。

「共感」は、何かひどいニュースを見て「かわいそう」と思う「同情」でも、ドラマを見て主人公の気持ちになってしまう「感情移入」でもありません。「共感」はあくまでも、「私は私」であり「相手は相手」というスタンスを取ります。「結局のところは、相手のことは完全にはわからないが、理解したいのだ」という気持ちを伝える立場です。たとえ自分に同じような経験がなくても、相手の悩みを聞きながら、「〜と感じたんですね」と感情を代弁することはできます。大事なことは、「わかるよ」と簡単に言ってしまうことではなく、「理解したいから、もっと話してほしい」という気持ちで聴くことなのです。

11.3.4. 判断留保（エポケー）

人の話を聞いていると、すぐアドバイスをしたくなったり、「そんなふうだから、ダメなんだ」と相手を批判したくなる時があると思います。しかし今まで、はやとちりして判断を誤ったり、逆に、じっと聞き続けたことで全貌が見えてきた経験をしたことはありませんか。私たちが知っているのは、その人の文化や人生の一部、氷山の一角です。そう考えると簡単にアドバイスをしたり、指をさすことはできなくなります。

特に文化差が大きなコミュニケーションの場合、私たちが何かを見たり聞いたりしても、すぐ反応して判断を下したりせず、むしろ一旦判断を待つ方が賢明です。それを専門用語で「エポケー」と言いますが、ギリシア語で「しばし待て」という意味の言葉です。この「判断留保」の姿勢は非常に大切です。

11.3.5. すべてをしてあげるのではなく、自立を援助する（empowerment）

総務省の発表によると、2015年の段階で、多文化共生に関して何らかの策定をしている自治体は全体の約40％（1,788団体のうちの708団体）で、その策定の多くは、国際交流、災害時対策、多言語による医療、教育の援助・サポートなどです。

「援助・サポート」と言うと、「すべてをやってあげること」と誤解されてしまい

がちです。確かに当事者がどんなに頑張ってもできないことはサポートする必要があるとしても、当事者ができそうなことは任せ、活躍できる場を見つけるお手伝いをすることの方が真の支援です。「支援」は、その人を永遠に食べさせてあげることではなく、食べられるように魚を釣る方法を教えてあげることです。このことを「相手に力を与える」という意味で、"empowerment" と言います。

　例えば、道で外国人を見かけたら「日本語は難しいから…」と思い、すぐに英語で話しかけてしまいがちですが、日本で暮らす外国の人に早く自立してもらうためには、英語で何でも答えてあげることよりも、できるだけ平易な日本語で何度か説明してあげる方が親切になることもあります。近年、「わかりやすい日本語」をつくろうとする動きが日本で盛んになっていますが、それは、「グローバル・コミュニケーション＝英語」という図式には必ずしもならないということも意味します。

11.3.6.「自己開示」によるつながり

　皆さんは、人とよく話す方ですか。それとも、聞き役になることが多いでしょうか。また、初対面の人とはどうでしょうか。仕事に就くと初対面の人と話す機会が必然的に増えますが、海外に出るとその割合はぐっと高くなります。特に欧米にはパーティーの文化がありますので、知らない人とも話をする機会は多くなります。

　その際、どの程度自分の話をするかが大切になってきます。相手に話をさせるばかりだと、相手は「自分に興味がないんだ」と思ってしまいます。そのような時、適度に自分のことや経験をオープンに話すと、返報性のある私たちの会話は、相乗効果的に続きやすくなります。自分がどのような人物であるかについてオープンに話すことを「自己開示 (self-disclosure)」と言いますが、理解し、理解されるために必要なステップです。

11.4. 多文化共生を目指す皆さんへの提言

　ピーター・アドラー (1982) は「異文化適応の5段階」という理論の中で、「多文化人」という言葉を紹介し、「様々な文化や人を認め、受け入れ、尊重し、楽しみ、相違点をプラスに捉えることができる人」と定義しています。この「多文化人」という姿は、様々な文化背景を持つ人々と交流する上で理想的な姿

なのではないかと思います。「心に国境・バリアがない人」と言ってもいいでしょう。

皆さんはそのような人を目指しているのではないでしょうか。そのために2つのことを提言したいと思います。

11.4.1. 自らがマイノリティーになる環境に入っていくこと

真の意味で多文化の人たちを受け入れることができる人は、自らがマイノリティーになった経験のある人が多いようです。自らが異文化で体験したことが、他者を理解し、真の意味で共感できる人に変えていくからです。

留学はその1つですが、マイノリティーになるには留学以外の身近なところにも機会があります。日本の別な地域へ民泊の旅に出たり、親元を離れて共同生活をしてみるのも1つの方法でしょう。また、違った年代や職歴の人たちと交流する機会をつくるのはどうでしょうか。「ウチ」から「ソト」の世界を体験する機会をできるだけ模索してみるのです。

次に、アジアなどの近場で、日本語や英語が通じないような所に行ってみるのもよいと思います。言葉の不自由さを感じる時こそ、コミュニケーション力はさらに伸びます。

やがて訪れる留学や海外赴任の際に、「外国に住むマイノリティーの日本人」として何ができるか考えて行動してみてください。その国を去る時に「あなたのような人がいるなら、いつか日本に行ってみたい」と言ってもらえたら、それはあなたが、その人と国をつなぐ小さな「架け橋」になれたということかもしれません。

11.4.2. 日本を知る。自己と自分の文化を知る

様々な文化背景を持つ人たちとのやりとりの中でどうしても理解し合えないことが必ず出てきます。その時、「なんとなく折れて受け入れてしまう」のか、「お互いの考えを述べ合った上で受け入れる」のかには大きな違いがあります。前者は「話し合いがなく妥協させられた」という否定的な気持ちが残り、「自分はグループに同化するしかない」と感じます。しかし後者は、たとえ自分の考えとは合致しなくても、「少なくとも自分の考えは伝えたし、相手がどうしてあのように思うのか理解はできた」という満足感が残ります。

多文化共生の考えで陥りやすいのは、やみくもにすべてを受け入れなければな

らないという誤解です。多文化共生は、同化でも自分の信念を曲げて相手に合わせることでもありません。むしろ「相互成長」なのです。そのために必要になるのが、「話し合う」こと、「自分の考え（信念）を持つ」こと、「自分の育ってきた国と文化を知ってアイデンティティをきちんと構築する」ことです。自分の持っている考えや文化を誇ることができなければ、同調し、同化し、自分を見失ってしまいます。

　皆さんは、自らが育ってきた文化や教育や経験を通じて、世界に貢献できる貴重な存在なのだということを忘れないでください。

11.5. まとめ

　1950年代にMartin Luther King Jr.をはじめとした人たちが公民権運動を展開し、アメリカ史は大きく変わりました。"I have a dream!"と高らかに謳った人種の平等への大きな夢と希望は、60年後にアフリカ系アメリカ人の大統領を産み出すことになりました。その背景で流された涙と血は、かつて"奴隷"と呼ばれていた人たちへの偏見を拭い去り、「共存から共生」の道を拓きました。

　しかし、その頃からかつてないほどの白人至上主義団体が地下組織として生まれ、「共存」すら危ぶまれる時代へと逆行し始めていたのです。このような状況を目にすると、今までの努力が無駄に思われてしまうかも知れません。ですから今こそ、"I have a dream! I still have a dream!"と宣言し、自分らしく生きられるように人々に自由を与え、弱い立場にある人と一緒に闘ってくれる「地球的同志」がますます必要となるのだと思います。そのためにも「目の前の一人から」始めてください。きっと、あなたの助けを必要としている人が身近にいるはずです。そして、自分一人だけではなく、周りと協働し、相互に助け合うことができれば、国境を超えた世界地図が広がっていくと思います。

　多文化共生が目指すもの。それは「異なった背景や文化を持つ人々が、積極的に社会参加し、お互いに隣人・友人になっていく」こと。「共存」の関係が「共生」へと向かい、同じ目的を分かち合うことで、より豊かな「共創」の社会を創り上げる。それが、多文化共生から見たグローバル・コミュニケーションの目指すところです。

この章を読んで、多文化共生について自分の考え方がどう変わったかについて話し合ってみてください。また、多文化共生のために、自分が今いる環境でどんなことができるかを考えてみましょう。

....

....

....

....

....

....

....

....

....

....

<中嶋アンディー史人>

12 ロボット・AI

12.1. はじめに

コミュニケーションが必要なのは、人と人だけではありません。少し前までは、人とコンピュータのコミュニケーションをいかに人にとって快適なものにするかということが課題でした。近年では、コンピュータと直接というより、ロボットや人工知能（Artificial Intelligence：AI）を搭載したモノとのコミュニケーションが増えてきました。人と知的な（知的に見える）ふるまいをする人工物とのコミュニケーションの問題を考えることで、改めて人と人のコミュニケーションのあり方を見直すきっかけになればと考えます。

> **Activity 1**
>
> 1. コンピュータや携帯電話、スマートフォンへの文字（テキスト）入力手段にはどんなものがあるか、調べてみましょう。
> 2. なぜ、いろいろな入力手段があるのだと思いますか。

12.2. 人とコンピュータのコミュニケーション

コンピュータの登場は 1940 年代に遡ります。この時すでに流通していたタイプライターのキー配列をもとにコンピュータへの入力手段としてのキーボードがつくられました。いわゆる QWERTY 配列と呼ばれているものです。なぜこの配列になったかについては様々な説がありますが、タイプライターに依存した理由がほとんどで、人にとって使いやすいものとは言えず、その証拠にその後、キーボードの配列に関する研究が盛んに行われました。しかし、より効率のよいものが発明されても、普及し人々が慣れてしまったこのキー配列とは置き換わりませんでした。スマートフォンにもこの QWERTY 配列のバーチャルキーボードが生き残っています。

1970 年代になり、パーソナルコンピュータが開発され、コンピュータは一部の専門家だけでなくより多くの人に使われるようになります。ユーザの層が広がったことにより、より使いやすいユーザインタフェースへの要求も高まり

ます。キーボードから文字を入力してコンピュータにコマンドを伝える方式を、Character User Interface (CUI) と言います。今でも、プログラマなど専門家は作業効率のよい CUI を駆使しています。一方で、わかりやすさを重視したインタフェースが Graphical User Interface (GUI) で、1980 年代に画期的な進歩を遂げました。GUI では画面上にアイコンやボタンなどのオブジェクトが表示され、ユーザはマウスなどのポインティングデバイスを用いてオブジェクトを選択しドラッグ（移動）して操作します。ファイルをゴミ箱のアイコンに重ねれば削除、フォルダのアイコンに重ねれば移動など、直観的な操作が行えるようになりました。GUI で重要な役割をするポインティングデバイスは、マウスやトラックボール、タッチパッド、ジョイスティックなどのように、画面のカーソルを操作するものと、ライトペン、ペンタブレット、タッチパネルのように直接操作できるものに分けられます。速く動かせる、細かい制御ができる、筆圧を感知できる、わかりやすいなど、用途やユーザの好みに応じて使い分けがされています。

1990 年代になり携帯情報端末 Personal Digital Assistant (PDA) が発売され、2000 年代になるとモバイル機器が続々と世に出ました。ここでも、場所を取らない、片手で操作できるなど、新たな要求に応える新しい入力インタフェースが開発されます。携帯電話を経てスマートフォンの時代になると、タッチパネルと指を用いたタップ、フリック、ピッチイン・アウトなどの新しい入力方式が主流になっています。幼児がタブレットを易々と操作して好きなアプリを動かしているのを見かけることがあります。一方でキーボード世代の中高年者がタブレットにバーチャルキーボードを出してキー入力しているのも見かけます。学生たちの中には、スマートフォンのテンキーを用いた入力でレポートの原稿を書く者もいます。人は最初に慣れた方式から離れられないものなのかもしれません。

次に台頭してきたのが音声インタフェースです。カーナビゲーションなどで、限られた語彙や文章しか認識されない音声認識と、いかにも機械的な抑揚の音声合成を用いたインタフェースが導入されました。自然言語処理技術や音声合成技術の進歩により、ある程度自然な会話ができるようになり、さらに、2016 年に Google と Microsoft がディープラーニング（深層学習）をベースにした API（Application Programming Interface）を出してから飛躍的に進歩しました。このあたりのことは、12.4. 節で再度触れます。音声インタフェースの普及には、技術的な課題だけでなく、衆人環境で使えるかどうかと、人以外のものに話しか

12

ける気恥ずかしさを乗り越えられるかという人の心理的な問題もあります。2017年になって、スマートスピーカがブームになっています。何もない空間に話しかけるより、目の前にあるモノに話しかける方が心理的抵抗が小さく受け入れやすいと言えるでしょう。

　自然言語やジェスチャーによるコミュニケーションは、人にとって自然なものという意味でナチュラルユーザインタフェース（NUI）と呼ばれています。また、視覚・聴覚に加え、触覚を用いたインタフェースの研究もされており、タンジブルユーザインタフェース（TUI）と呼ばれています。さらには、筋電や脳波など生体信号でコンピュータを動かすというブレイン・コンピュータ・インタフェース（BCI）も盛んに研究されています。現段階では、情報伝達速度が低いため、ほかのコミュニケーション手段が使えない場面でしか実用化されていませんが、脳に埋め込んだチップを介して、考えるだけでコンピュータを操作することも夢物語ではなくなってきています。これらのユーザインタフェースの進化は、障がいのある人のバリアーを取り除くだけでなく、いわゆるデジタル・デバイド（デジタル技術を使いこなせる人とそうでない人の格差が広がること）の解消に貢献すると期待されます。

1. 人と直接会って話をするのと、音声電話やネット電話、メールや LINE など、メディアを介してコミュニケーションするのとに、どんな違いがあるか考えましょう。
2. 誰とどんなコミュニケーションをしたいかによって、使いたい手段が違うかどうか考えましょう。

12.3. メディアを介した人と人のコミュニケーション

　人と人のコミュニケーションも、顔を合わせてのコミュニケーションよりメディアを介したコミュニケーションの方が多くなってきました。ここで言うメディアは、情報を伝える媒体という意味です。かつては、遠方にいる人とのコミュニケーション手段は、リアルタイム（同期通信）であれば電話、非同期通信では手紙や電報、ファクシミリしかありませんでした。1980 年代後半に全盛期を迎えたパソコン通信、その後のインターネットメールは、遠隔コミュニケーションの形を大きく変えました。業務でもプライベートでも手軽なメールが多用されるようになり、日

常生活に欠かせないものとなりました。時差や相手の状況を気にせず、都合のよい時に開封してもらえる気軽さが特徴的でした。同期型では、チャットと呼ばれる文字情報のやりとりが流行しました。一方、1990 年代後半からの携帯電話の普及により、電話は個と個の連絡手段となり、「今、どこ?」から会話が始まったり、待ち合わせも場所を決めず「ケータイで連絡」となったり、大きく様変わりしました。さらに携帯メールの普及、ここでは顔文字や絵文字が特徴的です。文字情報、特に短い文章だけで伝えにくいニュアンスや感情を補完するものとして多用されるようになりました。この流れは LINE のスタンプにつながっています。ここまで来ると、本来、非同期のメディアでありながら、すぐに返答を求めるというチャットのような位置づけにもなっています。省略語やスタンプでのやりとりや、SNS の「いいね」は、相手と表面的につながっているだけで、心に踏み込んだコミュニケーションにはならず表層的なものになりがちです。一方で、家族や恋人同士の遠隔コミュニケーションで、スマートフォンやタブレットを用いたビデオ通話が好まれているのは、顔表情や身振り手振りなど文字情報だけでは伝わらないものを求めているからだと考えられます。

　複数の人のコミュニケーションもコンピュータとネットワーク技術の恩恵を受けています。テレビ会議システムは移動時間と経費の節約に役立っています。テレビ会議システムでは、音声・映像の共有だけでなく、提示された資料の共有が必要で、さらに臨場感を得るには、等身大の映像、話者の方向から声が聞こえる立体音響、部屋の一体感などが重要です。また、離れた場所にいるメンバーが同時、あるいは異なる時間に協同作業のできる各種グループウェアは、グローバル時代の必須ツールとなっています。これらのツールは、クラウドベース(アプリケーションもデータもクラウド上にあり、端末はブラウザのみ)のものが多く、ユーザはネットワークにつながる端末があればどこからでもアクセスできるようになっています。多様な働き方を可能にするものとして、今後さらに普及すると考えられます。

12.4. ロボット、AI とは

　ロボットと言われて思い浮かべるのはどんなロボットでしょうか? フィクションの世界だと、鉄腕アトムやドラえもん、ガンダムなど。ロボットの研究者にはこれ

12

らのロボットに触発されてその世界に入った人も多いです。2011年に発表された
ホンダのアシモは世界初の2足歩行ロボットで、これを皮切りに様々な2足歩行
ロボットが世界中で研究・開発され、自重を支えるだけでなく、荷物を持つこと
ができ、悪路でも転ばないで走れる2足歩行ロボットに進化しています。2足歩
行ではありませんが、2014年に発表されたPepperは感情エンジンを搭載する
人型（ヒューマノイド）ロボットです。マツコロイドで有名になった石黒浩先生の
グループが開発されているアンドロイドもロボットに含まれます。

　1999年に発売され多くのファンを得た犬型ロボットのソニーAIBOは、2018
年にaiboとして復活しました。あえてロボットらしさを出すということで機械、
機械した外装であったものが、新しいaiboはAIで賢くなり、柔らかさのある外
見になっています。動物型で有名なのは、癒し効果があるとギネスにも認定され
たPAROです。PAROはゴマフアラザシの子どもを模して造られています。見
慣れた動物にすると本物との違いがわかり違和感を持つ人が多くなるからだそう
です。動物型でもないものには、ルンバに代表されるお掃除ロボットがあります。
お掃除ロボットに名前をつけ、話しかけたりしてかわいがっている人がいます。必
ずしも効率的な動きをせず、ごみの横を通り過ぎたり、思いもかけない動きをし
たりというところがよいようです。人がどういうものに感情移入する（できる）の
かということを考えるのに恰好の題材です。

　実は、現段階で産業になっているのは、工場ではたらくアーム型のロボットと
このお掃除ロボットだけです。2020年代には、人と接するサービス系のロボット
の市場規模が製造分野のロボットのそれを超えるという予測があります。

　では、ロボットの定義は何でしょうか？　ロボット産業政策研究会の2009年
の定義では、「センサ系、駆動系、知能・制御系の3つの技術要素を有する機
械システム」となっています。センサ系は人間にたとえると五感の部分で音声や
画像の認識、自分の位置や周囲環境の認識を担います。駆動系は身体、動力源
とアクチュエータによる多軸・多関節系の制御を担い、知能系は脳に対応します。
画像や言語の理解、学習や通信の機能も含まれます。ロボットをこのように捉え
るのが一般的でしたが、最近、ロボットの概念は拡大されてきています。駆動系
がなくても（動けなくても）音声や画像などの出力系があり、これとカメラやマイ
クなどのセンサ系がネットワークでつながり、クラウド上の知能・制御系と一体と
して機能していれば、ロボットと呼ぶようになっています。ネットワークロボット、

クラウドロボティクスと呼ばれる分野です。ロボットの知能・制御系の進化は、AIの進歩と密接に関係しています。

今、AIは第3次ブームと言われています。第1次ブームは1960年代から1970年代にかけて、第2次ブームは1980年代から1990年代にかけてで、専門家の知識をコンピュータに埋め込むエキスパートシステムの研究が盛んでした。今回のブームは2010年頃からで、2011年にIBMのワトソンというAIがクイズ番組でクイズ王に勝利、2012年にGoogleが猫を認識するAIを発表、2016年にディープマインド社（のちにGoogle傘下）のアルファ碁がイ・セドル9段に勝利など、続々と画期的な出来事が続きました。

AIに転機をもたらしたのはディープラーニング（深層学習）というアルゴリズムだと言われています。これまでの機械学習は教師あり学習が主流で、正解つきの学習データをつくる必要があり、これが大変な手間でしたが、ディープラーニングは大量のデータがあれば勝手に学習してくれます。このアイディアは第2次ブームの時にすでに考案されていましたが、コンピュータのパワーとクラウド上のビッグデータが利用できるようになって初めてその効力を発揮しました。Googleの猫は、一般人がSNSに投稿した大量の画像を用いて猫という（実際には猫だけでなく、人の顔や様々な）概念を獲得させたそうです。アルファ碁の学習にも過去の大量の棋譜が使われましたが、最近では棋譜を使わず、AI同士に戦わせてさらに強いAIにするというところまで来ました。

今やIoT（Internet of Things、モノのインターネット）時代、2020年には500億個のモノがインターネットにつながるという予測があります。IoTで取得したビッグデータがクラウドに蓄積され、クラウドのAIがビッグデータで学習してさらに賢くなる、身近なモノはそれ自体の計算パワーやメモリが小さくてもネットワークにつながりさえすれば、クラウド上のAIが利用できて、賢いふるまいができる、そういう時代がすぐそこに来ています。

Activity 3

1. 人以外の対象（動物や物）に名前（愛称）をつけて、話しかけたことがありますか。ある場合は、その対象について、どういう気持ちを抱いていたか思い出しましょう。
2. ロボットは人の感情を推察できた方がよいと思いますか。ロボットの役割（用途）によっても違うかもしれません。考えてみましょう。

12.5. ロボット・AI とのコミュニケーション

受付ロボットや案内ロボット、前述したスマートスピーカのようなアシスタント
ロボット、画面上のやりとりであるチャットボットなど、情報提供を主目的とした
ロボットとのコミュニケーションは、クラウド AI の恩恵を受けて使い勝手のよい
ものになっていくと考えられます。

人が見ている方向を向いたり、ロボットが視線を移すことで人の視線を誘導し
たりする機能（共同注視と呼ばれています）や、人の目の動きから興味のあるも
のを推定して案内内容を変える機能を案内ロボットにつける研究をしたことがあ
ります。これだけでも、案内が少し人間的になり好意的に受け入れられやすくな
ります。ロボットの身振り・手振りで、案内したいものを丁寧に指すようにすると、
人がそこに注視する時間が長くなり、記憶の定着にもつながるという知見も得ま
した。

ロボットが身体性を持つこと、つまり人（や動物）の形をして人（や動物）と同
じように動くことに、意味（利点）があるでしょうか？ お掃除ロボットのように、
形が違っても生物的な動きをすることで愛着が沸きます。身体性があるとよりそ
れが強くなります。これは、ノンバーバルコミュニケーションと関係しています。

コミュニケーションに、バーバルコミュニケーション（言葉によるもの）とノン
バーバルコミュニケーションがあるということは、すでに他章で学びました。表
情や、音声に含まれる言語情報以外の情報（声の強弱や抑揚、間など）、身
振り・手振りなどのノンバーバル情報は、心を通わせる（感情を伴う）コミュ
ニケーションでは重要な役割を持ちます。ロボット・AI が心を持つようにな
るか、持たせるべきかという議論はさておき、心があるように振る舞わせること、
人の心を理解し共感しているように見せることは可能です。これには、音声や表
情、視線、身振り・手振りから、人の心の動きを推定する技術と、感情を表出
する技術が必要です。これらの実現にも AI が寄与します。

介護施設の高齢者や独居高齢者のためのコミュニケーションロボット、子ども
の見守りや知育を目的にしたロボットも、ユーザに関する大量の情報と AI によ
り、その人にあった会話や教育を提供したり、人よりも適切な対応をしたりできる
ようになると期待されます。それが人にとって幸せなことかどうかについては、
議論の余地があります。

あなたが、事故や病気で介護が必要になったとします。人にして
もらいたいこと、ロボットにしてもらってもいいこと、ロボットに
してほしいことを考えてみましょう。

12.6. ロボット・AI を介した人と人のコミュニケーション

　ここでは、ロボット・AI を人と人のコミュニケーションに利用するということを
考えてみましょう。東京オリンピックに向けて急速に実用化が進められているの
は、翻訳アプリです。スマートフォンなどで通訳者につないで人に通訳をしてもら
うサービスはすでにありますが、これをクラウドの AI で肩代わりするものです。
すでに多言語に対応する翻訳アプリが種々市場に出ています。まだまだ誤訳が
あったりニュアンスが違ったりしますが、特定の分野では十分実用に耐えるもの
になってきています。今後、ユーザが利用すればするほど、データが蓄積されて
AI の学習が進み、さらなる性能向上が望めます。音声入力し音声で翻訳結果を
返す、カメラで文字を読み取り字幕のようにリアルな映像の上に重畳して見せる
などというアプリがさらに進化し普及すれば、外国語の習得目標も様変わりする
かもしれません。聴覚障がいのある方には、音声と文字の変換や手話通訳が有
用です。旅行者の案内用には、まずはバーバル情報を正確に伝えるということが
重要ですが、将来的にはノンバーバル情報も伝えるものが期待されます。

　アンドロイドはある意味、究極のロボットインタフェースです。遠隔にいる人
の肉声だけでなく、動きや顔の表情をリアルタイムで伝えます。人が移動しなく
ても、さも本人と接しているような感覚を与えることができます。小型のヒュー
マノイドロボット NAO は、その OS（オペレーションシステム）や開発キットが
Pepper にも使われているもので、自律型のコミュニケーションロボットとして
も用いられています。自閉症児の治療では、人が児童の様子を観察しながら、
NAO を操作したり音声をリアルタイムで送るというように NAO をインタフェー
スとして利用しています。自閉症児は多くの情報（特にノンバーバル情報）を発
信する人と直接接するよりも、送られてくるメッセージが少ないロボットに接する
方が混乱が少なく安心するそうです。ほかにも、遠隔にいる人の代理としてのロ
ボットが多数開発、販売されています。ここでもアンドロイドのように等身大で、

限りなく人に似せるものから、タブレット端末を搭載しそこに本人の顔を映すもの、シンプルなフォルムながら本人の動きの一部を反映し、存在感を出すものなど様々なタイプがあります。認知症高齢者に適用する場合は、顔と本人の肉声の方が、理解しやすく受け入れやすいかもしれません。一方では、入院中の子どもが代理ロボットで授業に参加する場合などは、伝える情報を絞ったものの方が適していると考えられます。引き算の技術と言えます。

また、自律的なロボット・AIに人が必要に応じて介入するといったハイブリッドタイプも考えられます。人手不足解消のために、ロボット・AIを導入するという場面では、ロボット・AIで対応できる（対応してよい）ところはロボット・AIに任せ、人ならではの部分を人が対応するといった協働を目指すのがよいのではないでしょうか。

12.7. まとめ

最後にコミュニケーションにおけるノイズの問題について少しだけ触れます。メディアを介したコミュニケーションでは、外来ノイズだけでなく、音声や画像を通信量を減らすために帯域制限したり圧縮したりすることがあり、これにより情報が歪みます。必要な情報を失わないようにいかに通信量を減らすか、失われた情報をいかに復元するかという技術が開発されてきました。進化途中のAIでは音声認識や画像理解の誤りもコミュニケーションを阻害します。さらに、バーバル情報とノンバーバル情報の乖離が問題になります。グレゴリー・ベイトソンは、言葉では受容性の高いことを言っているのに態度では拒否している、あるいは楽しい話をしているのに顔は笑っていないなど、人が発信する異なるレベルの情報に食い違いがあり、その状態が続いてそこから逃げられないことをダブルバインドと呼び、人に精神的な障がいを与えることもあると言っています（グレゴリー・ベイトソン, 2000）。ロボット・AIによるコミュニケーションで似たようなことが起こらないとも限りません。人が、相手がロボット・AIだと認識している時はまだ大丈夫ですが、見分けがつかなくなってくるとこの問題はより深刻になるのではないでしょうか。

この分野の技術の進歩はめざましく、実用化も急速に進んでいますので、この章の内容はすぐに古くなってしまうでしょう。しかしながら、人の心や身体性

は、短い時間では変わりません。人の心に寄り添った技術開発が必要だと強く
思います。

Let's Try

ロボット・AI の時代を生き抜くには、人はどんな能力を伸ばせばよいでしょ
うか。特に、コミュニケーション力について、重要だと考えることを挙げて
ください。

....

....

....

....

....

....

....

....

....

....

＜大須賀美恵子＞

あとがき

　本書を通して、グローバル・コミュニケーション学の初歩を学んだ皆さんは、おそらく、世界中の人々と意思疎通するための基礎力がある程度身についたのではないかと思います。その基礎力とは、言語的なコミュニケーション力だけではなく、国際的な（もしくは、ユニバーサルな）「教養」と言ってもよいかもしれません。巷では、よく教養があるとかないとかで人を判断する人がいますが、そもそも教養とは何を意味するのでしょうか。インターネットで「教養」を検索してみてください。すると、「学問・知識を（一定の文化理想のもとに）しっかり身につけることによって養われる、心の豊かさ」という定義がヒットします。国際的にも通用し得る多様な学問的知識を与え、国境や人種を超えた真の心の豊かさを与える、あるいは引き出すことこそが、グローバル・コミュニケーション学の醍醐味であり、この学問の根本的な存在意義なのかもしれません。

　個人的な話になりますが、私が世界中の人とコミュニケーションをする時に、いつも感じることがあります。それは、笑顔や雰囲気など相手に与える視覚的な印象はもちろんのこと、どのような人種、世代、背景の方であれ、どのようなトピックでもよいので、一定の時間、会話を続けることのできる豊富な知識を日頃から蓄積しておくことが重要であるということです。たとえ、今は雑学程度であっても、その知識を深い雑学にまで高めることができれば、伝え方次第で、それは立派な教養にもなり得ましょう。そして、その知識が国際舞台でのコミュニケーション時に大きな武器となるのです。

　例えば、私は海が好きなあまり小型船舶操縦免許を取得しました。船やマリン・スポーツが好きな外国の方はとても多く、商談の中で（もしくはその前後で）「海」の話で盛り上がることが今まで幾度となくありました。また、自分の健康も考え野菜は調理するのも食べるのも好きだったことから、野菜ソムリエの資格も保有しています。仕事には直結しないこのような知識のおかげで、結果として、現在の私は以前の私よりも知識の幅が広がり、世界観が広がり、心が豊かになり

ました。そして、外国の方々との会話に心が通うようになりました。教養を身につけるとはそういうことだと思います。

　グローバル・コミュニケーション学の今後の展開は無限に広がっています。本書で取り上げた分野のほかにも、ジェンダー、芸術、ダンス、宗教、（クラシックなどの）音楽、話術、ジェスチャーなどが考えられます。いずれもグローバル・コミュニケーション（学）を構成する重要な分野です。このような多種多様な分野に関する一般常識と国際的観点から知っておくべき必須知識の双方が、グローバル・コミュニケーション時に必要な獲得すべき知識と言えましょう。例えば、ジェンダー論に関して1つ取り上げると、近年の欧米社会の変化の影響もあり、日本も徐々にジェンダーレスな社会となりつつあり、最近では、英語だと police man が police officer に、日本語だとスチュワーデスがキャビン・アテンダントに呼び名が変わりました。これは、Political Correctness（政治的公正性）と呼ばれる言語学的な運動で、元来、男性優位であった欧米社会の言語表現を、中性的なものに修正しようという運動です。今となっては国際的に常識となったこのような動きに関しても敏感に把握しておかなければ、外国の方々とのコミュニケーション時に重大な過ちを犯す可能性があります。ほかの分野に関しても、これからのグローバル人材として羽ばたく皆さんが知っておくべき知識がたくさんあります。また、次の機会に触れたいと思います。

2018 年 3 月末日
仁科恭徳

主要参考文献

＊本書では、グローバル・コミュニケーション（学）を構成する様々な学術分野に関して、初学者である読者の皆さまにわかりやすくお伝えするために、極力学術的な表記を意図的に避けております。このため、学術論文などの執筆時に用いられる引用ルールを大幅に軽減し、参考文献も主要なもののみ巻末に掲載しております。予めご了承ください。

| 1 | グローバル・コミュニケーションとは？ |

Dávid-Barrett, T. & Dunbar, R.I.M. (2013) Processing power limits social group size: computational evidence for the cognitive costs of sociality. *Proceedings of the Royal Society B.* 280: 20131151. http://dx.doi.org/10.1098/rspb.2013.1151

Dunbar, R.I.M. (2009) The social brain hypothesis and its implications for social evolution. *Annals of Human Biology*, September-October 2009; 36(5):562-572.

McLuhan, M. (1962) *The Gutenberg Galaxy: The Making of Typographic Man.* Toronto: University of Tronto Press.

Shannon, C. E. (2001) A mathematical theory of communication. *ACM SIGMOBILE Mobile Computing and Communications Review, 5*(1), 3-55. (originally published in *The Bell System Technical Journal*, Vol.27, PP. 379-423, 623-656, July, October, 1948).

Weaver, W. (1949) Introductory note on the general setting of the analytical communication studies. In Shannon, C. E. & Weaver, W. (1949). *The mathematical theory of communication.* Urbana: University of Illinois Press, 29, 3-28.

| 2 | 色彩 |

英辞郎 on the WEB (from https://eow.alc.co.jp/) アルク社 .

小山雅明（2009）『人の心は「色」で動く』三笠書房 .

齊藤勇（2015）『マンガ心理学入門』宝島社 .

齋藤美穂、頼（1992）「アジアにおける色彩嗜好の国際比較研究（2）－日台比較・白嗜好に着目して」『日本色彩学会誌』16(2), 84-96.

竹内一郎（2005）『人は見た目が9割』新潮社 .

千々岩英彰（1997）『人はなぜ色に左右されるのか』河出書房新社 .

千々岩英彰（1999）『図解世界の色彩感情辞典』河出書房新社 .

鳥飼玖美子（2004）『歴史をかえた誤訳』新潮社 .

仁科恭徳（2015）「若者世代の色彩感覚に関する実態調査」『カルチュール』9(1), 55-62.

野村順一（2005）『色の秘密』文藝春秋.

春田博之（2010）『色に聞けば、自分がわかる』現代書林.

ポーポー・ポロダクション（2006）『マンガでわかる色のおもしろ心理学』ソフトバンククリエイティブ.

ポーポー・ポロダクション（2009）『使うための心理学』PHP研究所.

ポーポー・ポロダクション（2010）『「色彩と心理」のおもしろ雑学』大和書房.

マルコ社（2013）『他人を支配する黒すぎる心理術』サンクチュアリ出版.

山脇惠子（2010）『色彩心理のすべてがわかる本』ナツメ社.

ゆうきゆう（2016）『マンガでまるっとわかる！はじめての心理学大全』西東社.

Asch, S. E. (1946) Forming impressions of personality. *The Journal of Abnormal and Social Psychology, 41(3)*, 258-290.

Berlin, B., & Kay, P. (1969) *Basic color terms: Their universality and evolution.* Berkeley, CA: University of California Press.

Bickman, L. (1974) The social power of a uniform. *Journal of Applied Social Psychology, 4(1)*, 47-61.

Caivano, J. L. & Lopez, M. A. (2010) How colour rhetoric is used to persuade: Chromatic argumentation in visual statements, *Colour: Design & Creativity, 5(11)*, 1-11.

Kuriki, I., Lange, R., Muto, Y., Brown, A. M., Fukuda, K., Tokunaga, R., Lindsey, D. T., Uchikawa, K., & Shioiri, S. (2017) The modern Japanese color lexicon, *Journal of Vision*, 17(3), 1-18.

McCracken, G. D. (1990) *Culture and Consumption: New Approaches to the Symbolic Character of Consumer Goods and Activities.* Indiana University Press.

Mehrabian, A. (1971) *Silent Messages.* Wadsworth, Belmont, California.

Wason, P.C. (1966) Reasoning. In B. Foss (Ed.), *New Horizons in Psychology*, 135-151. Penguin.

Yule, G. (2016) *The Study of Language.* Cambridge University Press.

3 | 絵文字

Azuma, J. (2012) Graphic Emoticons as a Future Universal Symbolic Language. In Ramael, Aline, Orero, Pilar, and Carrol, Mary (Eds.), *Audiovisual Translation and Media Accessibility at the Crossroads*, Rodopi, 62-84.

Azuma, J. & Ebner, M. (2008) A Stylistic Analysis of Graphic Emoticons: Can they be Candidates for a Universal Visual Language of the Future? *Proceedings of World Conference on Educational Media, Hypermedia and Telecommunications*, Association for the Advancement of Computing in Education (AACE), 972-977.

McCloud, S. (1993) *Understanding comics*, HarperPerennial.

4 都市デザイン

筧裕介（2013）『ソーシャルデザイン実践ガイド－地域の課題を解決する 7 つのステップ』英治出版．

金山藍子「アメリカにおけるゾーニング規制の展開－ exclusionary zoning から inclusionary zoning へ」
http://www.minto.or.jp/print/urbanstudy/pdf/u61_06.pdf
（2017 年 10 月 5 日閲覧）

北沢猛（2002）『都市のデザインマネジメント－アメリカの都市を再編する新しい公共体』学芸出版社．

清成忠男（2010）『地方創生への挑戦』有斐閣．

京都市「～外国人宿泊客数・観光消費額が大幅増！～「平成 27 年 京都観光総合調査」について」http://www.city.kyoto.lg.jp/sankan/cmsfiles/contents/0000202/202863/kouhou.pdf （2017 年 10 月 5 日閲覧）

京都市ホームページ「外国人に京都を紹介するための冊子「京都発信パンフレット」について」http://www.city.kyoto.lg.jp/sogo/page/0000062090.html
（2017 年 10 月 5 日閲覧）

京都府ホームページ「競争力のある観光地づくりプラン」
http://www.pref.kyoto.jp/kanko/plan17.html （2017 年 10 月 5 日閲覧）

神戸市企画調整局創造都市推進部「CITY OF DESIGN KOBE 2016」平成 28 年度第 727 号
https://design.city.kobe.lg.jp/wp-content/uploads/2016/08/4ee25075ff3cf0be099fa8ca72e58b9d-1.pdf （2017 年 10 月 5 日閲覧）

神戸市ホームページ「ユネスコ・創造都市ネットワーク」
http://www.city.kobe.lg.jp/information/project/design/unesconetwork/
（2017 年 10 月 5 日閲覧）

小林重敬（2005）『エリアマネジメント－地区組織による計画と管理運営』学芸出版社．

ジェイン・ジェイコブズ（2012）『発展する地域 衰退する地域－地域が自立するための経済学』筑摩書房．

角谷嘉則（2009）『株式会社黒壁の起源とまちづくりの精神』創成社．

総務省統計局「平成 27 年国勢調査」
　　http://www.stat.go.jp/data/kokusei/2015/kekka/pdf/gaiyou.pdf
　　(2017 年 10 月 5 日閲覧)
ティム・ブラウン (2014)『デザイン思考が世界を変える』早川書房.
西村幸夫 (2008)『西村幸夫　風景論ノート－景観法・町並み・再生』鹿島出版会.
根本祐二「地球規模の地域間競争と PPP の役割」
　　http://www.hitozukuri.or.jp/jinzai/seisaku/81sien/01/09/102.pdf
　　(2017 年 10 月 5 日閲覧)
根本祐二 (2013)『「豊かな地域」はどこがちがうのか－地域間競争の時代』筑摩書房.
要藤正任 (2017)「戦略的創造研究推進事業（社会技術研究開発）研究開発実施終了報
　　告書「持続可能な多世代共創社会のデザイン」研究開発領域　研究開発プロジェ
　　クト「ソーシャル・キャピタルの世代間継承メカニズムの検討」」.

5 | マーケティング

石崎徹 編著、五十嵐正毅ほか (2016)『わかりやすいマーケティング・コミュニケー
　　ションと広告』八千代出版.
井徳正吾、松井陽通 (2013)『マーケティングコミュニケーション』すばる舎.
亀田尚己 (2009)『国際ビジネスコミュニケーション再考』文眞堂.
北原利行 (2017)「「2016 年 日本の広告費」解説－拡大するインターネット広告と堅
　　調なテレビメディアで 5 年連続のプラス成長」日本の広告費 No.4.
　　https://dentsu-ho.com/articles/4923/（2017 年 12 月 26 日閲覧）
経済産業省商務情報政策局情報経済課 (2017)「平成 28 年度我が国におけるデータ駆
　　動型社会に係る基盤整備（電子商取引に関する市場調査）報告書」
　　http://www.meti.go.jp/press/2017/04/20170424001/20170424001-2.pdf
　　(2017 年 12 月 10 日閲覧)
小田部正明ほか (2010)『国際マーケティング』碩学舎.
コトラー , P. ほか (2010)『コトラーのマーケティング 3.0　ソーシャル・メディア時
　　代の新法則』朝日新聞出版.
コトラー , P. ほか (2014)『コトラー & ケラーのマーケティング・マネジメント第 12
　　版』丸善出版.
シュルツ , D. ほか (2005)『ドン・シュルツの統合マーケティング』ダイヤモンド社.
フェアトレード・ラベル・ジャパン「フェアトレードとは」
　　http://www.fairtrade-jp.org/about_fairtrade/（2017 年 12 月 10 日閲覧）
松浦祥子 編著 (2014)『グローバル・ブランディング』碩学舎.
Interbrand (2017). Best Global Brands 2017 Rankings.
　　http://interbrand.com/best-brands/best-global-brands/2017/ranking/#?listFormat=ls

(Retrieved Dec. 10, 2017).

Ritzer, G. (1993) *The McDonaldization of Society*. SAGE Publications.

6　メタ認知

門田修平 (2012)『シャドーイング・音読と英語習得の科学』コスモピア．

三宮真智子 編著（2008）『メタ認知－学習を支える高次認知機能』北大路書房．

三宮真智子（2017）『誤解の心理学－コミュニケーションのメタ認知』ナカニシヤ出版．

新川義弘（2006）『愛されるサービス』かんき出版．

日本政府観光局　http://www.jnto.go.jp/jpn/statistics/visitor_trends/index.html

日本生産性本部 (2012)『ANA が目指す CS －お客様と共に最高の歓びを創る』
　　生産性出版．

林田正光（2006）『ホスピタリティの教科書』あさ出版．

林田正光 監修（2007）『図解版　ホスピタリティの教科書』あさ出版．

山中俊之（2014）『日本人の９割は正しい自己紹介を知らない－世界標準の仕事プロ
　　トコールの教科書』祥伝社．

Flavell, J. H. (1987) Speculations about the nature and development of metacognition.
　　In F. E. Weinert & R. H. Kluwe (Eds.), *Metacognition, motivation, and
　　understanding*. Hillsdale, NJ: Lawrence Associates. 21-29.

Hall, E.T. (1976) *Beyond Culture*. NY: Anchor Books.

7　ホスピタリティ

NPO 法人日本マナー・プロトコール協会（2016）『マナー＆プロトコールの基礎知識』
　　NPO 法人　日本マナー・プロトコール協会．

菊地康人（2010）『敬語再入門』　講談社．

JAL ホームページ　サービスアンケートー JAL 国内線
　　http://www.jal.co.jp/cs/dom_ja/（2017/12/25）

服部勝人（2008）『ホスピタリティ・マネジメント入門』第 2 版　丸善出版．

林田正光 監修（2007）『図解版　ホスピタリティの教科書』あさ出版．

SKYTRAX 社ホームページ WORLD AIRLINE AWARDS
　　http://www.worldairlineawards.com/Awards/world_airline_rating.html
　　（2017/12/25）

8 | 心理学

Barnes, D. (1994) Stimulus equivalence and relational frame theory. *Psychol. Rec.* 44, 91-107.

Durdureanu, I. I. (2011) Translation of Cultural Terms: Possible or Impossible? *J. Linguist. Intercult. Educ. - JoLIE* 2011, 51-63.

Dymond, S. & Roche, B. (2013) *Advances in relational frame theory: Research and application*. New Harbinger Publications.

Grefenstette, G. & Nioche, J. (2000) Estimation of English and non-English Language Use on the WWW. in *Proceedings of RIAO'2000, 'Content-Based Multimedia Information Access'* 237-246. Le Centre de Hautes Etudes Internatonales D'informatique Documentaire.

Hayes, S. C. & Hayes, L. J. (1992) *Understanding Verbal Relations*. Context Press.

Hayes, S. C., Barnes-Holmes, D. & Roche, B. (2001) *Relational frame theory: A post-Skinnerian account of human language and cognition*. Springer Science & Business Media.

Markus, H. R. & Hamedani, M. G. (2007) in *Handbook of cultural psychology* (eds. Kitayatna, S. & Cohen, D.) 3-40. Guilford Press.

Nowak, M. A. & Highfield, R. (2011) *SuperCooperators: Why We Need Each Other to Succeed*. Simon and Schuster.

Patterson, F. G. P. & Cohn, R. H. (1990) Language acquisition by a lowland gorilla: Koko's first ten years of vocabulary development. *WORD* 41, 97-143.

Tomasello, M. (1999) The human adaptation for culture. *Annu. Rev. Anthropol.* 28, 509.

Tomasello, M., Call, J. & Gluckman, A. (1997) Comprehension of Novel Communicative Signs by Apes and Human Children. *Child Dev.* 68, 1067-1080.

Torneke, N. (2010) *Learning RFT: An Introduction to relational frame theory and its clinical application*. New Harbinger Publications.

Weijen, D. van. (2012) The Language of (Future) Scientific Communication. *Res. Trends* 31, 7-9.

9 | 音声

鈴木孝夫（1999）『日本人はなぜ英語ができないか』岩波書店 .

藤森立男（1980）「態度の類似性、話題の重要性が対人魅力に及ぼす効果」
実験社会心理学研究, 20, pp. 35-43.

文部科学省（2011）「学習指導要領 中学校学習指導要領 第 2 章各教科　第 9 節外国語」
http://www.mext.go.jp/a_menu/shotou/new-cs/youryou/chu/gai.htm

渡辺武達（1983）『ジャパリッシュのすすめ－日本人の国際英語』朝日新聞社 .

ELFA. (2008) The Corpus of English as a Lingua Franca in Academic Settings.
http://www.helsinki.fi/elfa/elfacorpus. (Retrieved Sept. 8, 2017).

ICE. (2015) *International Corpus of English.*
http://ice-corpora.net/ice/. (Retrieved Sept. 8, 2017).

Jenkins, J. (2000) *The Phonology of English as an International Language.* Oxford.

Kachru, B. B., ed. (1992) *The other tongue: English across cultures.* University of
Illinois Press.

Nakanishi, N. (2012a) Impression of Japanized English Pronunciation: In relation to
the speakers' interpersonal attractions. *Journal of Business Management, No.8-1,
2*, pp. 61-74. Mar. 2012.

Nakanishi, N. (2012b) Mispronunciation: Do they really think that we eat lice?. *The
Japan Association for Language Teaching (JALT) 2011 Conference Proceedings,*
pp. 489-497. Aug. 2012.

VOICE. (2013) *The Vienna-Oxford International Corpus of English.* (version 2.0
Online). (Retrieved Sept. 8, 2017).

10　ジャンル

『ウィズダム英和辞典　第 3 版』三省堂 .
http://dictionary.sanseido-publ.co.jp/dicts/english/wisdom_ej3/sp/corpus.
html

Anthony, L. (2014) AntConc (Version3.4.4) [Computer Software]. Tokyo, Japan:
Waseda University. Available from http://www.antlab.sci.waseda.ac.jp/

Bates , M. and Dudley - Evans , T. (Series eds.) (1976-80) *Nucleus: English for Science
and Technology.* Harlow: Longman.

Carter, R. & McCarthy, M. (1997) *Exploring Spoken English.* Cambridge: Cambridge
University Press.

Collins (n.a.) The History of COBUILD.
https://collins.co.uk/page/The+History+of+COBUILD

Gibbons, P. (2002) *Scaffolding Language, Scaffolding Learning: Teaching Second*

Language Learners in the Mainstream Classroom: 51-76. Reprinted in *Academic Success for English Language Learners: Strategies for K-12 Mainstream Teachers*, 2005:275-310. White Plains, NY, Pearson Education.

Halliday, McIntosh & Strevens (1964) 174-175 (as quoted in Bloor, 2002:19)

Imao, Y. (2017) CasualConc (Version 2.0.7) [Computer Software]. Osaka, Japan: Osaka University.

Johns, A. M. (2013) The history of English for specific purposes research. In B. Paltridge & S. Starfield. *The Handbook of English for Specific Purposes*. West Sussex, UK: John Wiley & Sons Ltd.

Johns, T. (1986) Micro-concord: A language learner's research tool. *System 14(2)*:151-162. https://doi.org/10.1016/0346-251X(86)90004-7

Noguchi, J. (2006) *The Science Review Article: An Opportune Genre in the Construction of Science*. Bern: Peter Lang.

Seidlhofer, B. (2011) *Understanding English as a Lingua Franca*. Oxford: Oxford University Press.

Swales, J. (1981) Aspects of article introductions. *Aston ESP Research Reports No. 1*, The Language Studies Unit, The University of Aston in Birmingham.

Swales, J. (1990) *Genre analysis: English in academic and research settings*. Cambridge, UK: Cambridge University Press.

Tojo, K., Hayashi, H., & Noguchi, J. (2014) Linguistic dimensions of hint expressions in science and engineering research presentations. *JACET International Convention Selected Papers 1*:131-163.

11　多文化共生

足立行子ほか 編著（2002）『ビジネスと異文化のアクティブ・コミュニケーション』同文館出版．

伊藤陽一ほか 編（2013）『グローバル・コミュニケーション』ミネルヴァ書房．

糸木公廣（2013）『日本人が海外で最高の仕事をする方法』英治出版．

斎藤兆史ほか（2016）『「グローバル人材育成」の英語教育を問う』ひつじ書房．

ドミニク・テュルパン（2012）『なぜ日本企業は「グローバル化」でつまずくのか一世界の先進企業に学ぶリーダー育成法』日本経済新聞出版社．

ベルリッツ・ジャパン（2013）『グローバル人材の新しい教科書』日本経済新聞出版社．

本名信行ほか 編（2012）『企業・大学はグローバル人材をどう育てるか』ASK.

八島智子・久保田真弓（2012）『異文化コミュニケーション論』松柏社．

八代京子ほか（2001）『異文化コミュニケーション－ワークブック』三修社．

山久瀬洋二ほか（2012）『異文化摩擦を解消する英語ビジネスコミュニケーション術』IBC.

Bennett, M. J. (2013) *Basic Concepts of Intercultural Communication: Paradigms, Principles, and Practices.* Boston: Nicholas Brealey.

Gillespie, J. (2014) *Tips for How to Succeed in a Global Business Context.* Tokyo: IBC Publishing.

Jandt, F. (2013) *An Introduction to Intercultural Communication - Identities in a Global Community.* Los Angeles: SAGE Publications.

Meyer, E. (2014) *The Culture Map: Breaking Through the Invisible Boundaries of Global Business.* New York: Public Affairs.

Samovar, L. et al. (2013) *Communication between cultures.* Boston: Wadsworth.

Smith, D. (2000) *The Gift of the Stranger.* Grand Rapids: Eerdmans Publishing.

12　ロボット・AI

岡田美智男（2014）『ロボットの悲しみ－コミュニケーションをめぐる人とロボットの生態学』新曜社．

川人光男（2010）『脳の情報を読み解く－BMIが開く未来』朝日新聞出版．

北原義典（2011）『イラストで学ぶヒューマンインタフェース』講談社．

グレゴリー・ベイトソン（佐藤良明 訳）（2000）『精神の生態学』新思索社．

田村博 編（1998）『ヒューマンインタフェース』オーム社．

トーマス・H・ダベンポート、ジュリア・カービー（山田美明 訳）（2016）『AI時代の勝者と敗者－機械に奪われる仕事、生き残る仕事』日経BP社．

（社）日本機械学会 編（2008）『感覚・感情とロボット－人と機械のインタラクションへの挑戦』工業調査会．

野村直樹（2008）『やさしいベイトソン－コミュニケーション理論を学ぼう！』金剛出版．

羽生善治（2017）『人工知能の核心』NHK出版．

主要索引

【あ】

挨拶 ……………………… 83
握手 ……………………… 73
アッシュ ………………… 17
アドバイス文書の構造 …… 126
アルバート・メラビアン … 81
Eコマース ……………… 59
ＥＳＰ（目的別英語）…… 128
ＥＬＦ …………………… 135
イソップ物語の分析 …… 125
色型人間 ………………… 22
色のイメージ …………… 23
インフルエンサー ……… 60
ウィーバー ……………… 11
英語の優位性 …………… 102
英語モデル ……………… 111
FDAの文書の分析 ……… 127
絵文字 …………………… **28**
エリン・メイヤー ……… 143
ＬＳＰ（目的別言語）…… 128
お辞儀の種類 …………… 87
おしゃれ ………………… 82
音声 ……………………… **108**

【か】

顔文字 …………………… 33
確証バイアス …………… 17
カタカナ英語発音 ……… 117
形型人間 ………………… 22
カチュルの３つの円 …… 112
関係フレーム理論 ……… 94
共感 ……………………… 145
京都市 …………………… 45

協力の有用性 …………… 94
クロード・シャノン …… 10
グローバル・コミュニケーションとは？
…………………………… **8**
グローバル・ブランド … 61
敬語 ……………………… 84
傾聴 ……………………… 144
研究論文の構造 ………… 127
言語別に見たインターネット上の情報
…………………………… 102
検索エンジン・マーケティング
…………………………… 59
コーパス言語学 ………… 133
神戸市 …………………… 45
高文脈文化 ……………… 71
国際プロトコール ……… 72
言葉遣い ………………… 84
コミュニケーション理論のモデル
…………………………… 10

【さ】

サービス ………………… 88
サイバースペース ……… 31
ＣＳＲコミュニケーション …… 58
ジェイン・ジェイコブズ … 47
ジェニファー・ジェンキンズ … 114
色彩 ……………………… **16**
自己開示 ………………… 146
姿勢 ……………………… 86
社交不安 ………………… 104
ＪＡＬサービスアンケート …… 90
ジャンル ………………… **122**
所作 ……………………… 88

初頭効果　…………………　17
人口増減数の多い市町村の人口及び
　人口増減数　…………………　48
人口増減率の高い市町村の人口及び
　人口増減率　…………………　48
人工知能　…………………　150
深層文化　…………………　144
心理学　…………………　**94**
ソーシャル・メディア・
　マーケティング　…………………　60
ゾーニング　…………………　43

【た】

第一印象　…………………　81
多世代共創　…………………　50
立ち居振る舞い　…………………　86
ダブルバイト文字　…………………　34
ダブルバインド　…………………　158
多文化共生　…………………　**138**
多文化主義　…………………　138
タンジブルユーザインタフェース
　…………………　152
地域間競争　…………………　46
地域資源　…………………　50
通じる英語　…………………　114
ディープラーニング（深層学習）
　…………………　151, 155
低文脈文化　…………………　71
デジタル・デバイド　…………………　152
同格の関係のフレーム（同等）　…　98
都市デザイン　…………………　**42**

【な】

長浜市　…………………　51
ナチュラルユーザインタフェース
　…………………　152
日本語英語モデル　…………………　115
日本の広告費の媒体別構成比　…　56
認知資源　…………………　76
認知特性　…………………　70
ネイティブ・スピーカーモデル
　…………………　110
ノイズ　…………………　10, 158

【は】

パーソナル・スペース（対人距離）
　…………………　140
パブリック・リレーションズ（ＰＲ）
　…………………　57
判断留保（エポケー）　…………………　145
ビックマン　…………………　18
表情　…………………　83
表層文化　…………………　144
フェアトレード　…………………　64
複眼的視点　…………………　142
ブランディング　…………………　61
ブレイン・コンピュータ・
　インタフェース　…………………　152
プロダクト・プレイスメント　…　56
ベジタリアン　…………………　76
ベスト・グローバル・ブランド・
　ランキング 2017　…………………　62
訪日外国人数・出国日本人数の推移
　…………………　69
ホスピタリティ　…………………　68, **80**

【ま】

マーケティング　………………　**54**

マーケティング・ミックスの４Ｐと
　４Ｃ　…………………………　55

マーシャル・マクルーハン　………　9

マック・クラッケン　……………　17

身だしなみ　………………………　82

メタ認知　…………………………　**68**

メラビアンの実験結果　…………　82

メラビアンの法則　………………　17

もてなし　…………………………　80

物語の構造　……………………　124

【や】

ユーザインタフェース　…………152

ユニフォーム効果　………………　18

【ら】

ロボット・ＡＩ　…………………**150**

ロボットの定義　…………………154

執筆者一覧　　＊五十音順

東淳一（あずま　じゅんいち）
神戸学院大学グローバル・コミュニケーション学部教授
担当：第3章 絵文字

今泉景子（いまいずみ　けいこ）
名古屋外国語大学現代国際学部准教授
担当：第7章 ホスピタリティ

上野美咲（うえの　みさき）
和歌山大学経済学部特任助教
（2017年10月現在）
担当：第4章 都市デザイン

大須賀美恵子（おおすが　みえこ）
大阪工業大学ロボティクス＆デザイン工学部教授
担当：第12章 ロボット・ＡＩ

表谷純子（おもてだに　じゅんこ）
神戸学院大学グローバル・コミュニケーション学部准教授
担当：第6章 メタ認知

桐村亮（きりむら　りょう）
立命館大学経済学部准教授
担当：第5章 マーケティング

KRIEG Alexander
　（クリーグ　アレクザンダー）
ハワイ大学大学院心理学部博士課程
担当：第8章 心理学

KRIEG 波奈（クリーグ　はな）
東京大学大学院教育学研究科修士課程
（2017年3月現在）
担当：第8章 心理学

三宮真智子（さんのみや　まちこ）
大阪大学大学院人間科学研究科教授
担当：第6章 メタ認知

中嶋アンディー史人
　（なかじま　アンディー　ふみひと）
ホープカレッジ外国語学部准教授
担当：第11章 多文化共生

中西のりこ（なかにし　のりこ）
→編著者
担当：はじめに　第1章 グローバル・コミュニケーションとは？　第9章音声

仁科恭徳（にしな　やすのり）
→編著者
担当：はじめに　第2章 色彩　あとがき

野口ジュディー津多江
　（のぐち　ジュディー　つたえ）
神戸学院大学グローバル・コミュニケーション学部名誉教授
担当：第1章 グローバル・コミュニケーションとは？　第10章 ジャンル

中西のりこ（なかにし　のりこ）
神戸学院大学グローバル・コミュニケーション学部教授
主要著書に『ホスピタリティ・コミュニケーション―実践形式で学ぶおもてなし英語』（三修社、2018 共著）、『TOEIC® L&R TEST ベーシックアプローチ』（三修社、2017 共著）、『応用言語学の最前線』（金星堂、2017 共著）、『英語シャドーイング練習帳』（コスモピア、2012 共著）など、雑誌連載に「多聴多読マガジン」（コスモピア）などがある。

仁科恭徳（にしな　やすのり）
神戸学院大学グローバル・コミュニケーション学部准教授
主要著書に『ホスピタリティ・コミュニケーション―実践形式で学ぶおもてなし英語』（三修社、2018 共著）、『TOEIC® L&R TEST ベーシックアプローチ』（三修社、2017 共著）、『応用言語学の最前線』（金星堂、2017 共著）など、
主要論文に「Current Trends in Corpus Linguistics: Voices from Britain、A Study of ADJ PREP N Patterns in Two Soft-Applied disciplines」などがある。

グローバル・コミュニケーション学入門

2018 年 5 月 30 日　第 1 刷発行

編著者：中西のりこ・仁科恭徳
発行者：株式会社　三省堂　代表者　北口克彦
印刷者：三省堂印刷株式会社
発行所：株式会社　三省堂
　　　　〒 101-8371
　　　　東京都千代田区神田三崎町 2 丁目 22 番 14 号
　　　　電話　編集　(03)3230-9411
　　　　　　　営業　(03)3230-9412
　　　　http://www.sanseido.co.jp/